Cordelia Loew

Abendmahl – Das Blut des Neuen Bundes

ABENDMAHL

Das Blut
des Neuen Bundes ...

CORDELIA LOEW

Cordelia Loew
Rottmannsdorfer Str. 43/14
08064 Zwickau
Tel: (0375) 7883-222
Fax: (0375) 7883-223
kontakt@loewe-banner.de
www.loewe-banner.de

Coveridee, Fotografie und Umsetzung: Thomas Sommerer, type & print
Satz: type & print, Nürnberg
Druck: Schönbach Druck, Erzhausen

ISBN 978-3-00-026911-0
Best.-Nr. 880440

Vorwort

Wir haben das Privileg, in einer Zeit zu leben, in der durch den Heiligen Geist verschiedene Aspekte des Reiches Gottes wiederhergestellt werden. Über die vergangenen Jahrhunderte hinweg wurden die fundamentalen Lehren Jesu und der Apostel durch Vermischung mit menschlicher Weisheit, durch das Gleichstellen religiöser Traditionen mit der in der Bibel geoffenbarten Wahrheit entstellt, pervertiert, ihres Inhaltes entleert und sogar geraubt.

Viele Christen haben dadurch eine sehr begrenzte Offenbarung über das Abendmahl, dem Einen ist es bekannt als ein Sakrament der Kirche, für den Anderen hat es keine tiefe Bedeutung für die praktische Nachfolge als Jünger Jesu.

Da sprach Jesus zu ihnen: „Wahrlich, wahrlich, ich sage euch: Wenn ihr nicht das Fleisch des Sohnes des Menschen esst und sein Blut trinkt, so habt ihr kein Leben in euch selbst." (Johannes 6,53) Aufgrund dieser Schriftstelle können wir erkennen, dass das Abendmahl mehr ist als Religion und Tradition.

Cordelia Loew zeigt anhand vieler Schriftstellen auf, welche Tiefe und welcher Reichtum im Abendmahl verborgen sind; Schätze, die es gilt, zu entdecken. Dieses Buch ist das Ergebnis jahrelangen Forschens in der Heiligen Schrift verbunden mit anhaltendem Gebet um Offenbarung durch den Heiligen Geist.

So empfehle ich dieses Buch jedem Gläubigen, der sich nach tiefer Einheit mit unserem Herrn Jesus sehnt und sich die verborgenen Schätze seines vollkommenen Erlösungswerkes zu eigen machen möchte.

Axel Weber

Mitältesteter der FCG Zwickau

Inhaltsverzeichnis

Einleitung

Wer in einem christlichen Elterhaus aufgewachsen ist, wächst auch automatisch in die Traditionen einer Gemeinde hinein. Man tut Dinge, ohne zu fragen warum und weshalb. Man macht verschiedene Dinge einfach automatisch, ohne zu hinterfragen ob man das, was man tut, auch wirklich verstanden hat. Man tut Dinge einfach deshalb, weil sie schon immer dazu gehört haben und weil man es schon immer so gemacht hat. So war das Abendmahl etwas, das ich nie wirklich verstanden habe. Es war für mich ein regelmäßiger, traditioneller, religiöser Ablauf, ohne dass mein Herz wirklich dabei war. Ich hatte theoretisches Wissen im Kopf, welches nie in mein Herz gefallen ist. Glaube ist aber nicht im Kopf, sondern im Herzen angesiedelt. Nur wenn wir Gottes Wort im Herzen haben, dann ist es praktisch und nicht nur Theologie. So war die Feier des Abendmahls immer etwas „religiöses“ für mich. Man schaut still auf den Fußboden, lauscht andächtig den Einsetzungsworten, nimmt eine Oblate und einen Schluck Wein und setzt sich andächtig wieder auf seinen Platz.

Im Jahr 1999 sagte ich dann zu meinem Gott und Vater: „Bitte schenke mir Einsicht, Einblick, Erkenntnis und Verständnis über das Abendmahl. Ich möchte es wirklich richtig verstehen.“

Gleichzeitig suchte ich mir alle Bibelstellen zu diesem Thema und las sie immer und immer wieder. So hatte ich nun alle Bibelstellen vor mir, aber ich verstand sie nicht. Ich bat Gott immer wieder, mir Weisheit und Verständnis zu diesem Thema zu schenken. Ich wollte es wirklich verstehen. Ich forschte, suchte, betete und las immer wieder die gleichen Passagen.

2005 war dann Hartwig Henkel in unserer Gemeinde und predigte über das Blut Jesu. Als er zu der Stelle in Johannes 6 kam, wo geschrieben steht: „Wer nicht mein Fleisch isst und mein Blut trinkt, hat kein Leben in sich selbst ...“ fiel es mir wie Schuppen von den Augen. Alle gelesenen Bibelstellen über das Abendmahl purzelten in meinem Kopf auf einmal zusammen und ergaben ein Gesamtbild. Danach fing ich an, meine Gedanken niederzuschreiben. Ganz deutlich wurde mir dabei, dass Gott möchte, dass wir „dran bleiben". Wir müssen in seiner Wahrheit, dem Wort Gottes, suchen, forschen, lesen und darüber nachsinnen. Wie geschrieben steht: „*Dann* wirst du verstehen die Furcht des Herrn und die Erkenntnis Gottes erlangen." Der Herr schenkt uns Weisheit. Wann *dann*? „Wenn Du der Weisheit dein Ohr leihst, dein Herz dem Verständnis zuwendest, wenn du zum Verständnis erhebst deine Stimme, wenn du es suchst wie Silber und wie Schätzen ihm nachspürst, *dann* wirst du verstehen die Furcht des Herrn und die Erkenntnis Gottes erlangen." (Spr. 2,1-6)

Gott fordert uns auf, seine Wahrheit zu suchen, zu studieren und darüber nachzusinnen, so wie die Goldsucher im Westen Amerikas. Sie hatten alles aufgegeben, um nach einem Schatz zu suchen. Viele brachten Jahre damit zu, um am Ende einen Schatz zu finden. Genauso müssen wir unsere Bibel studieren und nach SEINER Wahrheit suchen. Wir müssen Gott erlauben, unsere festgelegten Meinungen über sein Wort zu korrigieren. Gott gibt uns nicht einen Stein, wenn wir ihn um Brot bitten. Was schenkt er uns, wenn wir um Brot bitten? Brot! Er ist ein guter Vater, der alle unsere Belange kennt und ER wird uns in SEINE Wahrheit führen, wenn wir uns danach ausstrecken. Es ist an uns, Sein Wort zu lesen und zu studieren, nach SEINER Wahrheit zu suchen wie nach einem Schatz. „Denn dann werden wir die Furcht des Herrn und die Erkenntnis Gottes erlangen."

„Der Herr zieht ins Vertrauen, die ihn fürchten, und sein Bund dient dazu, sie zu unterweisen." (Ps. 25,14) Das Abendmahl ist der neue Bund, den Gott durch Jesus mit uns geschlossen hat. Und Gott sagt, dass er nur denen das Geheimnis seines Bundes mitteilt, die ihn fürchten. Gott schenkt uns Verständnis, Weisheit und Erkenntnis, wenn wir in der Furcht Gottes leben. Gottes Furcht bedeutet nicht, Angst vor Gott zu haben. Furcht Gottes bedeutet, Gott als Gott anzuerkennen, ihm mit Ehrfurcht, Achtung und dem ihm gebührendem Respekt zu begegnen. Diese Bibelstelle sagt aus, dass wenn wir keine Gottes Furcht haben, Gott uns auch nicht seine Geheimnisse anvertraut. Ich bin mir nicht sicher, ob ich in vollkommener Gottesfurcht lebe, aber ich habe sie erwählt, bitte Gott, dass er mich seine Furcht lehrt und gebe mein Bestes, um darin zu leben. Und ich weiss, Gott sieht mein Herz und kennt meine Motivation. Alles andere ist nicht wichtig. Ich bin meinem Vater im Himmel unendlich dankbar und verstehe mich als ein Werkzeug in SEINER Hand. Durch seine Gnade bin ich was ich bin. Alles was ich habe und kann, habe ich und kann ich nur tun, weil ER es mir geschenkt hat.

Wenn Du nun dieses Buch liest, dann bete, dass der Heilige Geist dich in Gottes Wahrheit führt und dein Herz dem Verständnis aufschließt.

Unser Wissen ist Stückwerk und wir ergänzen uns gegenseitig; so wird jemand anders die noch fehlenden Bausteine haben und weiter geben und das Abendmahl wird im Licht der Bibel wieder hergestellt. Wir leben in Zeiten der Wiederherstellung. Seit 2004 fehlte mir noch ein Baustein. Das war das Verständnis über den Bund. Ich wusste in meinem Herzen, dass wenn wir gemeinsam Abendmahl feiern, wir auch gegenseitig in Bündnisbeziehungen stehen, die mit gewissen Verpflichtungen einher gehen – konnte aber nicht erklären warum. Ich habe die Schriftstellen einfach nicht aneinander gebracht. In den vergangen vier Jahren hörte ich viele Male die Kassettenserie von Derek Prince: „Das Kreuz, der Schlüssel zur Fülle des Herrn." Seine Lehre über den Bund half mir, den fehlenden Baustein zu finden.

Aber bei alledem möchte ich meinem HERRN Jesus Christus danken für Seine Treue und Gnade, für alle Offenbarung, jedes Verständnis, das ER mir geschenkt hat. Bei all dem, was hier in gedruckter Form vorliegt, glaube ich, selbst am meisten davon zu profitieren. Ich kann aus tiefstem Herzen bezeugen: Gott ist treu und wer IHN und seine Wahrheiten verstehen will, dem schenkt ER Einsicht und Erkenntnis.

„Denn ein Testament (Bund) wird nur gültig, wenn der Tod eingetreten ist, weil es niemals Kraft hat, solange der lebt, der das Testament (Bund) gemacht hat.“ (Hebr. 9,16)

Das griechische Wort diatheke bedeutet in unsere Sprache Bund oder Testament. Die Bibel, bestehend aus Altem und Neuem Testament, könnte man demnach auch mit Alter Bund und Neuer Bund übersetzten - was auch die bessere Ausdrucksweise für unser logisches Verständnis wäre. Die Bibel besteht aus zwei Bünden: Dem Altem Bund mit seinen Gesetzen und den Opferungen von Tieren und dem Neuem Bund durch das Blut (Opfer) Jesu selbst und dem Gesetz des Geistes der Freiheit und der Liebe. Jesus kam nicht, um das Gesetz aufzuheben, sondern um die Rechtsforderung des Gesetzes zu erfüllen. Denn Gottes Gerechtigkeit sieht nicht einfach über Schuld und Sünde hinweg. Gottes Gerechtigkeit besagt: Es muss immer ein Opfer für Schuld her und ohne Opfer gibt es keine Vergebung. Die Strafe für all unsere Vergehen traf Jesus. Das Kreuz wurde nicht für Jesus angefertigt. Das Kreuz wurde für Barabbas gemacht. Er war der Mörder und Übeltäter, der gekreuzigt werden sollte. Pilatus stellte das Volk vor die Wahl und sie trafen die Entscheidung, dass Jesus den Platz von Barabbas einnehmen sollte. (Mt. 27,21) Wer ist Barabbas? Barabbas bin ich. Als Jesus den Platz von Barabbas einnahm, nahm er damit meinen Platz ein, denn ich bin der Mörder und Übeltäter. Jesus starb meinen Tod, Jesus nahm meinen Platz ein, damit ich durch Ihn mit meinem himmlischen Vater versöhnt werde.

Durch den Tod Jesu können wir in eine neue, einmalige Bündnisbeziehung zu Gott Vater eintreten, die es bisher nicht gab. Um Sühnung zu erwirken, mussten die Opfer im Alten Bund ständig wiederholt werden. Das Opfer Jesu hingegen war einmalig und bedarf keiner Wiederholung.

Ein Bund ist nur gültig, wenn der, welcher den Bund schließt, stirbt. Ohne ein Opfer und das damit verbundene Blutvergießen kann es keinen Bund geben. Durch das Opfer Jesu und das dabei geflossene Blut kann ich in den Bund zu meinem Gott und Vater eintreten.

„Christus aber ist gekommen als Hoherpriester der zukünftigen Güter und ist durch das größere und vollkommenere Zelt – das nicht mit Händen gemacht, das heißt, nicht von dieser Schöp ist und nicht mit Blut von Böcken und Kälbern, sondern mit seinem eigenen Blut ein für allemal in das Heiligtum hineingegangen und hat uns eine ewige Erlösung erworben. Denn wenn das Blut von Böcken und Stieren und die Asche einer jungen Kuh, auf die Unreinen gesprengt, zur Reinheit des Fleisches heiligt, wie viel mehr wird das Blut des Christus, der sich selbst durch den ewigen Geist als Opfer ohne Fehler Gott dargebracht hat, euer Gewissen reinigen von toten Werken, damit ihr dem lebendigen Gott dient! Und darum ist er Mittler eines neuen Bundes, damit, da der Tod geschehen ist zur Erlösung von den Übertretungen unter dem ersten Bund, die Berufenen die Verheißung des ewigen Erbes empfangen. Denn wo ein Testament (Bund) ist, da muss notwendig der Tod dessen eintreten, der das Testament (den Bund) gemacht hat." (Hebr. 9,11-16)

Bund

„Versammelt mir meine Frommen (Heiligen), die meinen Bund geschlossen haben beim Opfer." (Ps. 50,5)

Ein Frommer bzw. ein Heiliger ist jemand, der auf der Grundlage eines Opfers einen Bund mit Gott geschlossen hat. Wir, Du und ich, die wir zu Jesus gehören, sind seine Heiligen, seine Frommen, die auf Grund des Opfers Jesu am Kreuz in eine Bündnisbeziehung zu dem Allmächtigen Gott eingetreten sind.

Alles was uns das Kreuz verspricht, alle Verheißungen, die Jesus durch seinen Sieg für uns errungen hat, gehören uns auf Grund des Bundes, den Gott mit uns durch Jesus Christus geschlossen hat. Jeder, der ein Heiliger, ein Frommer sein will, muss mit Gott einen Bund haben, der auf einem Opfer beruht. Das ist die einzige Art von Beziehung, die Gott anerkennt. Auch jede andere dauerhafte Beziehung zwischen Menschen muss auf einem Bund beruhen. Ein Bund wiederum ist nur gültig durch ein Opfer, und wo ein Opfer gebracht wird, fließt unweigerlich Blut.

Wir haben leider kaum ein Verständnis darüber, was ein Bund wirklich bedeutet. Wir benutzen verschiene Worte wie Ehebund,

Neuer Bund, ohne seine tiefe Bedeutung zu verstehen. Einen Bund einzugehen, bedeutet sich zu verpflichten, sich jemandem verfügbar zu machen. Man ist bereit, sein Leben für den anderen zu geben. Alles was mein ist, gehört auch meinem Bündnispartner. Ich überlasse dem anderen bedingungslos alles was mein ist. Der andere hat vollkommene Verfügungsgewalt über alles was mir gehört. Man gibt das Recht auf, nur für sich selbst zu leben. Als Gott mit Abraham einen Bund schloss, sagte Er: „Und ich werde meinen Bund aufrichten zwischen mir und dir und deinen Nachkommen nach dir durch alle ihre Generationen zu einem ewigen Bund, **um dir Gott zu sein** und deinen Nachkommen nach dir.“ (1. Mose 17,7) „Um dir Gott zu sein“ macht deutlich, dass es um eine Beziehung geht. Durch ein Opfer, wie wir noch sehen werden, treten zwei Personen in eine neue Beziehung ein.

Die Vorstellung vom Bund war in der Bibel schon von Anfang an vorhanden. Von Abraham wird uns schon in 1. Mose 14,13 berichtet, dass er Bundesgenossen hatte. Daraus können wir schließen, dass er ein Grundverständnis vom Bund hatte, das uns heute fehlt.

Ein Bundesgenosse ist jemand, der mit einem anderen etwas genießt und auf den man sich einhundert Prozent verlassen kann. Man teilt mit ihm eine gemeinsame Erfahrung in einem bestimmten Bereich und verfolgt dieselben Ziele.

Als Lot in Schwierigkeiten steckte und von einem fremden König gefangen genommen wurde, eilte Abraham ihm zur Hilfe. Er zog aber nicht alleine los. Mit ihm kamen seine Bundesgenossen Aner, Eschkol und Mamre. (1. Mose 14,24)

Der Bund mit diesen Männern sicherte ihm Hilfe und militärische Verstärkung im Krieg zu.

Als Gott Abraham seine Verheißung gab: „Blicke doch zum Himmel, und zähle die Sterne, wenn du sie zählen kannst! So zahlreich wird deine Nachkommenschaft sein. Und er glaubte dem Herrn; und ER rechnete es ihm als Gerechtigkeit an.“ (1. Mose 15,5-6) fragte Abraham: „Woran soll ich erkennen, dass ich es in Besitz nehmen werde?“ (1. Mose 15,8)

Darauf antwortete der HERR: „Bring mir eine dreijährige Jungkuh, eine dreijährige Ziege, einen dreijährigen Widder, eine Turteltaube und eine junge Taube.“ (1. Mose 15,9)

Abraham brachte all dies, tötete ganz selbstverständlich die Tiere, zerteilte die Tiere in der Mitte und legte die Hälften gegenüber, ohne weitere Anweisungen zu empfangen. Die Vögel aber zerteilte er nicht. Abraham wusste genau was zu tun war. Er wusste, dass Gott durch diese Handlung mit ihm in einen Bund treten würde. Abraham fragte nicht nach, wozu oder weshalb Gott die Tiere brauchte. Abraham wusste, dass Gott jetzt mit ihm in einen Bund treten würde. Er kannte das Grundprinzip des Bundes. Er wusste, was ein Bund war, wozu er diente, wozu er sich nun verpflichtete und wie man ihn schloss. „An jenem Tag schloss der HERR einen Bund mit Abraham.“ (1. Mose 15,18)

Abraham tötete verschiedene Tiere, zerteilte sie in der Mitte und legte die beiden Hälften gegenüber. So entstand in der Mitte eine Art Fluss, wo sich das Blut sammelte.

Danach ging Gott selbst in Gestalt der brennenden Fackel in der Mitte hindurch und schloss so einen Bund mit Abraham. Durch das Opfer des Bundes traten beide Personen in eine einzigartige, wunderbare Beziehung zueinander ein.

Dass die Personen, die einen Bund miteinander schließen, zwischen den Opferstücken hindurch gehen, wird uns auch in Jeremia 34,18 berichtet. „Und ich will die Männer, die meinen Bund übertreten haben, die die Worte des Bundes nicht gehalten, den sie vor mir geschlossen haben, wie das Kalb machen, das sie entzweigeschnitten *und zwischen dessen Stücken sie hindurchgegangen sind.*“

Durch das Opfer treten die Personen, die den Bund schließen, in eine Bündnisbeziehung ein.

Der Tod des Opfers stellt den Tod jener dar, die den Bund eingehen. Der Tod der Tiere symbolisiert den eigenen Tod. Jeder sagte: Dies ist mein Tod. Ich schließe den Bund mit Dir durch den Tod des Opfers. Nun habe ich kein Recht mehr, nur für mich allein zu leben. Ich gebe mein Leben hin. Alles was mir gehört, gehört dir.

Warum war Abraham später bereit, Isaak zu opfern?

Weil er im Bund mit Gott stand. Seine Bereitschaft, Isaak zu opfern, war die Erfüllung seiner Verpflichtung im Bund. Alles was mir gehört, gehört dir und wenn du es forderst, dann gebe ich es dir.

Kraft und Leben liegen im Blut

Der Bund mit Abraham war nicht der erste Bund, den Gott mit einem Menschen schloss. Der erste Bund, von dem die Bibel berichtet, ist der Bund mit Noah. Gott segnete Noah, als er die Arche verließ und gab ihm verschiedene Anweisungen. U. a.: „Nur Fleisch mit seiner Seele, seinem Blut, sollt ihr nicht essen!“ (1. Mose 9,4-11)

Den Israeliten war und ist es verboten, Blut zu essen und zu trinken. Dieses Gebot wurde im Gesetz dann weiter geführt, hat aber seinen Ursprung bei Noah, vor der Gesetzgebung.

„Und jedermann aus dem Haus Israel und von den Fremden, die in ihrer Mitte als Fremde wohnen, der irgendwelches Blut isst, gegen die Seele, die das Blut isst, werde ich mein Angesicht richten und sie aus der Mitte ihres Volkes ausrotten. Denn *die Seele des Fleisches ist im Blut,* und ich selbst habe es euch auf den Altar gegeben, Sühnung für eure Seelen zu erwirken. *Denn das Blut ist es, das Sühnung tut durch die Seele in ihm* (d. h. die Person; o. das Leben - kraft des ihm innewohnenden Lebens). Darum habe ich zu den Söhnen Israel gesagt: *Keine Seele von euch soll Blut essen;* auch der Fremde, der in eurer Mitte als Fremder wohnt, soll nicht Blut essen. Und jedermann von den Söhnen Israel und von den Fremden, die in eurer Mitte als Fremde wohnen, der ein Wild oder einen Vogel erjagt, die gegessen werden dürfen, soll ihr Blut ausfließen lassen und es mit Erde bedecken. Denn was die *Seele alles Fleisches betrifft: sein Blut, das ist seine Seele,* und ich habe zu den Söhnen Israel gesagt: Das Blut irgendwelches Fleisches sollt ihr nicht essen, *denn die Seele alles Fleisches ist sein Blut;* jeder, der es isst, soll ausgerottet werden. (3. Mose 17,10-14)

Wir sehen, dass Blut mit Leben bzw. Seele gleichgesetzt wird. Im Blut liegt die Kraft des Lebens. Durch das Konsumieren von Blut kommt es zu einer Vermischung. Deshalb ist es auch uns verboten, Blut zu essen. Jetzt könnte man sagen: Wir sind aber nicht unter Gesetz und deshalb gilt das heute nicht mehr. Das Gebot, kein Blut zu sich zu nehmen, hat seinen Ursprung aber nicht im Gesetz, sondern geht auf Noah zurück, wie der Zehnte und das Abendmahl auf Abraham zurückgehen. Damit ist es auch heute für uns gültig. Auch Jakobus legt den Nationen (uns) nur eins ans Herz: „... das sie sich enthalten von den Verunreinigungen der Götzen und von der Unzucht und vom Erstickten und vom Blut." (Apg. 15,20) Das Enthalten von Blut, Blut nicht zu essen und zu trinken, ist keine Neuerung des Neuen Testaments, es findet auch nicht seinen Ursprung im Gesetz. Es wurde im Gesetz weiter geführt, war aber eine Anweisung, ein Gebot, das Gott schon vor der Gesetzgebung am Sinai gegeben hatte, nämlich bei Noah.

Kein Bund, den Gott mit den Israeliten einging, war mit dem Trinken von Blut verbunden. Auch ritzten sie sich nicht wie Winnetou und Old Shatterhand. Sie schnitten auch keine Acht als Symbol der Ewigkeit in ihre Hand und drückten die Handflächen aufeinander.

Sie gingen durch das Blut der Opferhälften hindurch. Sie standen alle mit ihren Füßen im Blut des Bundes.

Jesu Leben in uns aufnehmen

Als Jesus die folgenden Worte an das Volk richtete, gewann er nicht unbedingt Freunde. Viele stritten sich nach diesen Worten und waren außer sich vor Wut.

„Wahrlich, wahrlich, ich sage euch: Wenn ihr nicht das Fleisch des Sohnes des Menschen esst und sein Blut trinkt, so habt ihr kein Leben in euch selbst." (Joh. 6,52)

Vor dem Hintergrund des Alten Testaments ist es vollkommen klar, dass die Jünger sagten: „Diese Rede ist hart. Wer kann sie ertragen?" (V 60) Jesus stellt hier eine absolute Kontroverse auf, die an Kannibalismus erinnert. Wie könnten sie Menschenfleisch essen und Blut trinken? Jesus fragte sie: „Ärgert euch dies?" (V 61)

Selbst einige seiner Jünger verstanden nicht, was er meinte und verließen ihn daraufhin. (V 66)

Wir, denen das geschriebene Wort in seiner Gesamtheit zur Verfügung steht, können leicht darüber urteilen oder schmunzeln. Aber ich wage zu behaupten, dass auch wir nicht anders reagiert hätten, denn auch wir sind traditionell geprägt und glauben zu wissen, was „richtig und falsch ist". Es ist Gnade, in so einer Situation göttlich zu reagieren. Wir wissen, dass Jesus hier nicht wortwörtlich meint, sein Fleisch zu essen und sein Blut zu trinken. Denn wir kennen die anderen Schriftstellen, aus denen sich ein ganzes Bild ergibt.

Beim letzten Abendmahl nahm Jesus den Kelch, dankte und gab diesen seinen Jüngern und sprach: „Trinkt alle daraus! Denn dies ist mein Blut des Bundes, das für viele vergossen wird zur Vergebung der Sünden." (Matth. 26,27-28) Wenn wir Abendmahl feiern und Brot und Wein nehmen, trinken wir das Blut Jesu und essen den Leib Jesu.

Derek Prince schreibt in seinem Buch „Die Macht des Opfers": „Ich begann meinen christlichen Dienst im Jahr 1946 in einer arabischen Stadt namens Ramalla, die ein wenig nördlich von Jerusalem liegt. Zu jener Zeit sprachen wir zu Hause arabisch. Und wann immer ich an die Abendmahlsfeier denke, kommt mir in den Sinn, was damals die Araber gesagt haben: „Lasst uns das Blut Jesu trinken." Das war keine seltsame, supergeistliche Ausdrucksweise; auf diese Weise sprachen sie über das Abendmahl. Man könnte diese Aussage auf unterschiedliche Weise betrachten, aber wenn ich das Abendmahl einnehme, empfange ich das Leben, das im Blut Jesu steckt. Manche von uns haben gelernt, dass wir das Abendmahl nur im Gedenken einnehmen. Dies entspricht jedoch nicht dem, was Jesus gesagt hat. ‚Ihr esst mein Fleisch und trinkt mein Blut.' Es gibt verschiedene Ansichten darüber, wie es für uns lebendig wird. Die Katholiken und andere liturgische Kirchen glauben, dass dies durch die Wandlung bzw. Weihung durch den Priester geschieht. Ich muss offen gestehen, dass ich nicht dieser Ansicht bin. Ich glaube, dass der Glaube der ausschlaggebende Faktor ist. Wenn ich das Abendmahl im Glauben einnehme und dem glaube, was Jesus in Seinem Wort gesagt hat, wird es genau zu dem, als was Er es bezeichnet hat. Und dadurch wird uns Leben geschenkt."

Der Wein beim Abendmahl steht für das Blut Jesu. Wenn wir nun aus dem Kelch das Blut Jesu trinken und wenn im Blut wie – wir an Hand von 3. Mose 17 gesehen haben – das Leben, (die Seele eines Lebewesens) liegt, dann nehmen wir das Leben Gottes in uns auf. Wir trinken Jesus Christus selbst. Wir essen und trinken ewiges Leben, Auferstehungsleben. Wir nehmen Leben Gottes in uns auf.

„Wer mein Fleisch isst und mein Blut trinkt, hat ewiges Leben, und ich werde ihn auferwecken am letzten Tag, denn mein Fleisch ist wahre Speise, und mein Blut ist wahrer Trank. Wer mein Fleisch isst und mein Blut trinkt, bleibt in mir und ich in ihm." (Joh. 6,53-56)

Wer das Blut Jesu trinkt und sein Fleisch isst, bleibt in Jesus und Jesus in ihm. Das ist eine großartige Zusicherung. Ewigkeitsleben in uns aufnehmen, das göttliche Leben schon hier und jetzt empfangen.

Jesu Blut, der Neue Bund

„Und darum *ist er (Jesus) Mittler eines neuen Bundes,* **damit**, da der Tod geschehen ist zur Erlösung von den Übertretungen unter dem ersten Bund, *die Berufenen die Verheißung des ewigen Erbes empfangen.*" (Hebr. 9,15)

„Jesus, *dem Mittler eines neuen Bundes* ..." (Hebr. 12,24)

Das Opfer im Neuen Bund ist Jesus Christus. Schon Jesaja sprach prophetisch über Jesus: „Ich, der HERR, ich habe dich in Gerechtigkeit gerufen und ergreife dich bei der Hand. Und ich behüte dich und **mache dich zum Bund des Volkes**, zum Licht der Nationen, blinde Augen aufzutun, um Gefangene aus dem Kerker herauszuführen und aus dem Gefängnis, die in der Finsternis sitzen." (Jesaja 42,6-7)

Jesus Christus ist der Mittler, die Person des Bundes, das Opfer des Neuen Bundes. Im Neuen Bund wurden keine Tiere zerschnitten. Im Neuen Bund war Jesus selbst das Opfer, um einen ewigen Bund für uns zustiften. Wir stehen in einer einzigartigen Bündnisbeziehung zu dem lebendigen Gott, dem liebenden Vater, voller Gerechtigkeit, Barmherzigkeit, Gnade und Treue. Der Gott der Schöpfung, der Himmel und Erde gemacht hat, steht in einer Bündnisbeziehung zu uns. Gott Vater gab seinen Sohn Jesus Christus als Opfer hin. Für Dich! Für Mich! Damit wir in diese wunderbare Beziehung zu IHM eintreten können. Gott Vater machte Jesus Christus zum Bund für uns! „ER, der doch seinen eigenen Sohn nicht verschont, sondern ihn für uns alle hingegeben hat: wie wird er uns mit ihm nicht auch alles schenken?" (Röm. 8,32)

Als Gott Jesus gab, gab er alles was ER hatte. ER hielt nichts zurück. Jeder Lebensbereich wird dadurch abgedeckt. Mit Jesus hat er uns jede nur denkbare Verheißung geschenkt. Rein rechtlich haben wir durch das Blut Jesu, durch sein Opfer am Kreuz, einfach ALLES was Gott jemals versprochen hat. Doch oft sieht es so aus, dass wir doch nicht alles haben. Aber das sollte uns nicht betrüben, das sollte uns eher ermutigen und uns in einen Zustand bringen, wo wir herausfinden, wie wir uns Gottes Verheißungen zu Eigen machen können! Denn Gott hat uns mit Jesus schon alles geschenkt. (Röm. 8,32)

Durch das Blut Jesu, dem Mittler des Neuen Bundes, wird uns unermesslicher Reichtum zu Teil.

„So spricht der HERR: Zur Zeit des Wohlgefallens habe ich dich erhört, und am Tag des Heils habe ich dir geholfen. Und ich werde dich behüten **und dich zum Bund des Volkes machen,** das Land aufzurichten, die verödeten Erbteile auszuteilen, den Gefangenen zu sagen: Geht hinaus! und zu denen, die in Finsternis sind: Kommt ans Licht! Sie werden an den Wegen weiden, und auf allen kahlen Höhen wird ihre Weide sein. Sie werden nicht hungern und nicht dürsten, und weder Wüstenglut noch Sonne wird sie treffen. Denn ihr Erbarmer wird sie leiten und wird sie zu Wasserquellen führen." (Jesaja 49,8-10)

Unsere Bündnisbeziehung

Als Jesus mit seinen Jüngern Abendmahl feierte, Brot und Wein mit ihnen teilte, schloss er mit ihnen durch diese Handlung den Neuen Bund, vorausschauend auf das Opfer, das er am Kreuz bringen würde. Jesus sagte: „Trinkt alle daraus! Denn dies ist mein Blut des Bundes, das für viele vergossen wird zur Vergebung der Sünden." (Matth. 26,27-28) Man musste aus dem Kelch trinken, um den Bund anzugehören. **„Trinkt alle daraus!"** Jesus teilte mit seinen Jüngern den Kelch und dadurch bestand ihre Beziehung nicht nur zu Jesus, sondern auch zueinander. „Der Kelch der Segnung, den wir segnen, ist er nicht die Gemeinschaft des Blutes des Christus? Das Brot, das wir brechen, ist es nicht die Gemeinschaft des Leibes des Christus? Denn ein Brot, ein Leib sind wir, die vielen, denn wir alle nehmen teil an dem einen Brot." (1. Kor. 10,16-17)

Durch das Abendmahl, das Trinken des Blutes Jesu treten wir in eine einzigartige Bündnisbeziehung zu dem dreieinigen Gott ein. Dieser Bund bringt uns aber auch in Gemeinschaft, in Beziehung zueinander. Gemeinschaft bedeutet: Teilhaber sein, mit jemandem an etwas gemeinsam teilhaben. Wir treten in den Bund mit dem allmächtigen Gott ein und gleichzeitig in eine verpflichtende Bündnisbeziehung zueinander, **denn wir trinken alle aus einem Kelch. „Trinkt alle daraus!"** Der Kelch der Segnung ist die Gemeinschaft des Blutes Jesu! Das Brot, das wir brechen, ist die Gemeinschaft des Leibes Jesu! Denn ein Leib sind wir, die vielen, denn wir alle nehmen teil an dem einem Brot (nach 1. Kor. 10,16-17). Nach Gottes Anforderungen stehen wir demnach auch in Beziehung zueinander. Der Bund führt uns in Einheit mit Gott und in Einheit mit all denen, die auch in diesem Bund stehen. Wir haben kein Recht, die Vorteile des Bundes in Anspruch zu nehmen und unsere Verpflichtungen gegenüber unseren Glaubensgeschwistern zu vernachlässigen.

„Ihr aber seid ein auserwähltes Geschlecht, ein königliches Priestertum, eine heilige Nation, ein Volk zum Besitztum, damit ihr die Tugenden dessen verkündigt, der euch aus der Finsternis zu seinem wunderbaren Licht berufen hat, *die ihr einst nicht ein Volk wart,* jetzt aber ein Volk Gottes seid; die ihr nicht Barmherzigkeit empfangen hattet, jetzt aber Barmherzigkeit empfangen habt." (1. Petrus 2,9-10)

Petrus zitiert hier 2. Mose 19,5-6. Sie waren nicht „ein Volk", sie hatten keine Einheit, weil sie ihrer Bündnisverpflichtung nicht nachkamen. Der Bund ist die Tür zur Einheit. Nur diejenigen, die bereit sind, ihrer Bündnisverpflichtung nachzukommen, können wahre Einheit erfahren.

„Und nun, wenn ihr willig auf meine Stimme hören und *meinen Bund halten werdet,* dann sollt ihr aus allen Völkern mein Eigentum sein; denn mir gehört die ganze Erde. Und ihr sollt mir ein Königreich von Priestern und eine heilige Nation sein. Das sind die Worte, die du zu den Söhnen Israel reden sollst." Das Volk sagte daraufhin: „Alles, was der Herr geredet hat, wollen wir tun." In 2. Mose 20 bis 23 legt nun Gott die Verpflichtungen und Anforderungen seines Bundes dar. Gott legte ihnen u. a. Gebote vor, wie sie sich untereinander verhalten sollten, wie ihre zwischenmenschlichen Beziehungen aussehen sollten. Wir wissen, dass das Volk den Bund immer wieder brach und nicht erfüllen konnte. Aber die Anforderungen, die der Herr damals stellte, sind ähnlich den Anforderungen des Neuen Testaments. Liest man verschiedene Stellen im Neuen Testament, wo *lasst uns, einander* oder *gegenseitig* vorkommen, erkennt man, dass dies die Anforderungen im Neuen Bund sind. Wir sollen einander lieben, annehmen, aufbauen, trösten, ermahnen, dienen, die Füße waschen, unterordnen, vergeben und ermutigen, um nur einige zu nennen (im Anhang sind diese und weitere Stellen angeführt).

Wenn wir diesen Anforderungen Folge leisten, erfüllen wir die Bedingungen im Neuen Bund.

Durch das gemeinsame Trinken des Blutes Jesu beim Abendmahl aus einem Kelch gehen wir auch miteinander eine Bündnisbeziehung ein und stehen in verpflichtenden Beziehungen zueinander.

Als Gott mit Abraham einen Bund schloss, gab jeder das Recht auf, nur für sich selbst zu leben. Jeder sagte: Dies ist mein Tod. Ich schließe einen Bund mit dir durch den Tod. Ich stehe im Bund mit dir und habe kein Recht mehr, nur für mich zu leben. Ich gebe mein Leben hin. Der 1. Johannesbrief sagt uns: „Hieran haben wir die Liebe erkannt, dass er für uns sein Leben hingegeben hat; auch wir sind schuldig, für die Brüder das Leben hinzugeben." Was sollen wir tun? Unser Leben für unsere Geschwister hingeben. Das ist nicht unbedingt wortwörtlich zu nehmen – der nächste Vers sagt uns, was damit gemeint ist:

„Wer aber irdischen Besitz hat und sieht seinen Bruder Mangel leiden und verschließt sein Herz vor ihm, wie bleibt die Liebe Gottes in ihm? Kinder, lasst uns nicht lieben mit Worten noch mit der Zunge, sondern in Tat und Wahrheit!" (1. Joh 3,17-18) Das sind die Verpflichtungen im Neuen Bund. Wenn wir nicht nur für uns leben, sondern anderen helfen, teilen und mit der Tat zur Seite stehen, erfüllen wir unsere Bündnisverpflichtung im Neuen Bund. Wenn wir diesen Verpflichtungen gegenüber unseren Glaubensgeschwistern nicht nachkommen, wenn wir falsche Haltungen gegenüber den anderen haben, sollten wir besser nicht das Abendmahl mit ihnen feiern, denn das wäre ein Treuebruch gegenüber dem Bund.

Das Johannesevangelium beschreibt über fünf Kapitel hinweg, was sich an dem Vorabend des Passahfestes während des Abendmahls zugetragen hatte. Wir lesen in Johannes 13-17 von der Predigt bzw. dem Gespräch, das Jesus mit seinen Jüngern führte, nachdem er mit ihnen Abendmahl gefeiert hatte. Er führte ihnen ganz praktisch und sichtbar vor Augen, was sie tun sollten. Er diente ihnen, indem er ihnen die Füße wusch. Er gab ihnen ein neues Gebot und setzte damit jeder Gesetzlichkeit ein Ende, er legte ihnen eine einzige Verpflichtung ans Herz, die im Bund gegründet ist: „Ein neues Gebot gebe ich euch, dass ihr einander liebt ..." (Joh. 13,34). Er sagte zu ihnen: „Wenn ihr mich liebt, so werdet ihr mein Gebot halten ..." (Joh. 14,15) welches er noch viermal wiederholt: Joh. 14,21; 15,10; 12,17. Das Ende dieses Abends bildete dann das Hohepriesterliche Gebet, wo Jesus den Vater um Einheit für uns bittet. Er bittet seinen Vater um eine Einheit, die dieselbe Qualität hat, wie seine Einheit mit Gott Vater.

Das Ziel des Abendmahls ist also Einheit durch den Bund.

Die Anwendung des Blutes als Priester und Könige

Durch die Anwendung des Blutes Jesu werden wir zu Priestern, zu Königen und zu einer heiligen, Gott wohlgefälligen Nation. Unsere Erlösung ist gegründet im Neuen Bund, den Gott Vater mit uns schloss, indem Jesus sich selbst als Opfer hingab. „Denn ihr wisst, dass ihr nicht mit vergänglichen Dingen, mit Silber oder Gold, erlöst worden seid von eurem eitlen, von den Vätern überlieferten Wandel, sondern mit dem kostbaren Blut Christi als eines Lammes ohne Fehler und ohne Flecken." (1. Petr. 1,18-19) Das Blut Jesu ist der Preis für unsere Erlösung. Die praktische Anwendung des Blutes ist das Abendmahl.

Durch das Blut Jesu sind wir zu Priestern, Königen und zu einer heiligen Nation gemacht worden. Wir wurden errettet, losgekauft, herausgerissen aus dem Machtbereich der Finsternis und versetzt in das Reich des Sohnes seiner Liebe. (Kol. 1,13)

„Ihr aber seid ein auserwähltes Geschlecht, ein königliches Priestertum, eine heilige Nation, ein Volk zum Besitztum, damit ihr die Tugenden dessen verkündigt, der euch aus der Finsternis zu seinem wunderbaren Licht berufen hat." (1. Petr. 2,9)

Ein König hat die Aufgabe, zu regieren und zu herrschen. Die Aufgabe eines Priesters ist es, Opfer darzubringen. Die Priester im Alten Bund brachten Tieropfer dar. Die Opfer, die wir bringen, sind Gebete, Fürbitte, Lobpreis, Anbetung und anderen etwas Gutes tun. „Durch ihn nun lasst uns Gott stets ein Opfer des Lobes darbringen! Das ist: Frucht der Lippen, die seinen Namen bekennen. Das Wohltun und Mitteilen aber vergesst nicht! Denn an solchen Opfern hat Gott Wohlgefallen." (Hebr. 13,16) Indem wir dies tun, werden wir selbst zu lebendigen Steinen aufgebaut. Dann sind wir ein heiliges Priestertum, denn wir erfüllen unsere Pflichten als Priester. Wir bringen geistliche Schlachtopfer dar.

„Lasst euch auch selbst als lebendige Steine aufbauen, als ein geistliches Haus, ein heiliges Priestertum, *um geistliche Schlachtopfer darzubringen,* Gott wohlannehmbar durch Jesus Christus." (1. Petr. 2,5)

Im alten Bund ging mit der Gesetzgebung das Priestertum an Levi (Aaron) und das Königtum an Juda über. Es gab niemand, der unter dem Gesetz gleichzeitig Priester und König war.

Es gibt nur einen Mann, neben Jesus, von dem die Bibel sagt er sei König und Priester gewesen und das war Melchisedek. (1. Mo. 14) Melchisedek war Priester Gottes des Höchsten, König der Gerechtigkeit und König des Friedens. Und ich wage zu behaupten, dass Melchisedek Jesus selbst war, der Abraham entgegen ging und ihm Brot und Wein reichte.

Abraham und seine Bundesgenossen führten Krieg mit dem König, der seinen Neffen Lot gefangen genommen hatte. Abraham zog siegreich aus der Schlacht. „Und er brachte die ganze Habe zurück; und auch Lot, seinen Neffen, und dessen Habe brachte er zurück und auch die Frauen und das Volk." (1. Mose 14,17)

Da begegnete ihm Melchisedek. „Und Melchisedek, König von Salem, brachte Brot und Wein heraus; und er war Priester Gottes, des Höchsten. Und er segnete ihn (Abraham) und sprach: Gesegnet sei Abram von Gott, dem Höchsten, der Himmel und Erde geschaffen hat. Und gesegnet (gepriesen) sei Gott, der Höchste, der deine Bedränger in deine Hand ausgeliefert hat! Und Abram gab ihm den Zehnten von allem." (V 18-20)

Melchisedek war höher als Abram und die Bibel sagt: „Ohne jeden Widerspruch aber wird das Geringere von dem Besseren gesegnet." (Hebr. 7,7) Melchisedek gab Abram Brot und Wein, worauf Abram ihm den Zehnten von allem gab was er hatte.

Melchisedek, Priester und König Gottes des Höchsten wird an verschiedenen Stellen der Schrift genannt und mit Jesus Christus verglichen. Er war die erste Person, die Brot und Wein austeilte. „Denn dieser Melchisedek, König von Salem, Priester Gottes, des Höchsten – der Abraham entgegenging und ihn segnete, als er von der Niederwerfung der Könige zurückkehrte, dem auch Abraham den Zehnten von allem zuteilte, heißt übersetzt zunächst König der Gerechtigkeit, dann aber auch König von Salem, das ist König des Friedens. Ohne Vater, ohne Mutter, ohne Geschlechtsregister, hat er weder Anfang der Tage noch Ende des Lebens, er gleicht dem Sohn Gottes und bleibt Priester für immer." (Hebr. 7,1-3)

Auch der Psalm 110 ist eine wunderbare prophetische Vorschau auf Jesus und bestätigt die Priesterschaft Melchisedeks in Jesus.

„Spruch des HERRN für meinen Herrn: Setze dich zu meiner Rechten, bis ich deine Feinde gemacht habe zum Schemel deiner Füße! Den Stab deiner Macht wird der HERR aus Zion ausstrecken. Herrsche inmitten deiner Feinde! Dein Volk ist voller Willigkeit am Tage deiner Macht. In heiliger Pracht, aus dem Schoß der Morgenröte habe ich dich wie Tau gezeugt. **Geschworen hat der HERR, und es wird ihn nicht gereuen: Du bist Priester in Ewigkeit nach der Weise Melchisedeks!"**

Als Jesus mit seinen Jüngern Abendmahl feierte und ihnen Brot und Wein gab, bestätigte er damit, dass er König und Priester nach der Ordnung Melchisedeks ist. In Jesus wird das Priestertum Melchisedeks wiederhergestellt und wir nehmen im Abendmahl dieses Priestertum an und bekräftigen, dass wir das königliche Priestertum sind.

„So hat auch der Christus sich nicht selbst verherrlicht, um Hoherpriester zu werden, sondern der, welcher zu ihm gesagt hat: Mein Sohn bist du, ich habe dich heute gezeugt. Wie er auch an einer anderen Stelle sagt: Du bist Priester in Ewigkeit nach der Ordnung Melchisedeks." (Hebr. 5,5-6)

In Jesus wurde also das Priestertum Melchisedeks wiederhergestellt, wie geschrieben steht: „Denn aus ihm (Jesus) und durch ihn (Jesus) und zu ihm (Jesus) hin sind alle Dinge! Ihm sei die Herrlichkeit in Ewigkeit!" (Röm. 11,36)

Durch unsere Einheit mit Gott Vater durch das Blut des neuen Bundes werden wir zu einem königlichen Priestertum mit dem Zweck, „geistliche Schlachtopfer" darzubringen. Wir werden zu Königen, die mit Gottes Gerechtigkeit gerecht gemacht worden sind, um Gottes Willen auf Erden auszuführen. Durch das Blut Jesu sind wir Nachkommen Abrahams, die wir durch Glauben gerechtfertigt sind. Wir sind Söhne und Töchter, Kinder Gottes, Miterben Christi, Gottes Gebilde, Mitbürger der Heiligen, eine neue Schöpfung, losgekauft vom Gesetz, Erben der Verheißung, Nachkommen Abrahams und Glieder in einem Leib durch den Heiligen Geist, und unser Haupt ist Jesus Christus. „Denn ihr alle seid Söhne Gottes durch den Glauben in Christus Jesus. Denn ihr alle, die ihr auf Christus getauft worden seid, ihr habt Christus angezogen. Da ist nicht Jude noch Grieche, da ist nicht Sklave noch Freier, da ist nicht Mann und Frau; **denn ihr alle seid einer in Christus Jesus.** Wenn ihr aber des Christus seid, **so seid ihr damit Abrahams Nachkommenschaft und nach Verheißung Erben.**" (Gal. 3,26-29)

Im Abendmahl proklamieren wir, dass wir Nachkommen Abrahams sind und nehmen unser Erbe in Anspruch, denn Abraham war unbeschnitten, als er die Verheißung empfing. (Röm. 4,11)

Wir haben gesehen, dass ein Priester die Aufgabe hat, Opfer zubringen. Die geistlichen Schlachtopfer, die vor Gott wohlgefällig und wohlannehmbar sind, sind Gebete, Fürbitten, Lobpreis, Mitteilen und anderen etwas Gutes tun. Dadurch werden wir selbst als lebendige Steine zu einem geistlichen Haus aufgebaut, das seine Aufgabe als heilige Priesterschaft erfüllt. (1. Petr. 2,5) Als Priester sind wir auch aufgefordert, uns selbst als ein lebendiges, heiliges, Gott wohlgefälliges Opfer darzubringen. „Ich ermahne euch nun, Brüder, durch die Erbarmungen Gottes, eure Leiber darzustellen als ein lebendiges, heiliges, Gott wohlgefälliges Opfer, was euer vernünftiger Gottesdienst ist." (Röm. 12,1) Die Opfer im altem Bund mussten getötet werden. Mit anderen Worten sagt dieser Vers: Sei du selbst ein Opfer, gibt dich Gott ganz hin, aber töte dich nicht, bring dich nicht um, sei lebendig und lebe für Gott.

Wir geben uns Gott mit all unserem Sein hin. Ich lebe nicht mehr nur für mich, sondern für Gott. Das ist mein Part im Neuen Bund. Das Gott wohlgefällige Opfer bin ich! Lebendig, ausgesondert und heilig, weil ich auf der Grundlage des Opfers, das Jesus für mich gebracht hat, in eine Bündnisbeziehung zu dem Allmächtigen Gott eingetreten bin. „Versammelt mir meine Heiligen, die meinen Bund geschlossen haben beim Opfer." (Ps. 50,5)

Ich stehe in einer Bündnisverpflichtung gegenüber Gott. Ich bin ein Heiliger, weil ich auf der Grundlage des Opfers Jesu in eine Bündnisbeziehung zu dem Allmächtigen Gott eingetreten bin!

Der Bund ist der Zugang zu einer verbindlichen Beziehung zwischen zwei oder mehreren Personen. Wir gehen durch das Opfer eine neue Beziehung zu Gott ein. Das Opfer steht für die Hingabe des eigenen Lebens. „... nicht mehr lebe ich, sondern Christus lebt in mir ..." (Gal. 2,20) Im Neuen Bund gehen wir durch das Kreuz, durch das Opfer Jesu eine Bündnisbeziehung zu Gott und untereinander ein. Wenn wir gemeinsam Abendmahl feiern und aus demselben Kelch trinken, bekräftigen wir damit unsere Bündnisverpflichtung gegenüber Gott und unsere Bündnisverpflichtung gegenüber unseren Geschwistern.

Wie dieses Leben ganz praktisch aussehen soll, beschreibt Paulus in den anschließenden Versen in Römer 12. „Ich ermahne euch nun, Brüder, durch die Erbarmungen Gottes, eure Leiber darzustellen als ein lebendiges, heiliges, Gott wohlgefälliges Opfer, was euer vernünftiger Gottesdienst ist." (Röm. 12,1)

Indem wir: (Röm. 12,2-13,8)

- unseren Sinn erneuern lassen
- nicht gleichförmig dieser Welt sind
- prüfen was Gottes Wille ist – das Gute, Wohlgefällige und Vollkommene
- nicht höher von uns selbst denken
- bedacht und besonnen sind
- unsere Gaben gebrauchen und dadurch einander dienen
- das Böse verabscheuen
- ungeheuchelte Liebe üben
- das Gute fest halten
- herzliche Bruderliebe zueinander haben und in Ehrerbietung vorangehen
- fleißig sind
- brennend im Geist dem Herrn dienen
- uns freuen an unserer Hoffnung
- in Bedrängnis ausharren
- im Gebet anhalten
- uns um die Bedürfnisse der Heiligen kümmern
- Gastfreundschaft üben
- Segnen, die uns nicht wohl gesonnen sind
- mit den Freuenden uns freuen
- mit den Weinenden weinen und sie trösten

- einander gleich gesinnt sind
- nicht nach hohen Dingen trachten
- uns nicht selbst erhöhen
- uns nicht selbst überschätzen
- Böses nicht mit Bösem vergelten
- soweit es an uns liegt mit allen Menschen in Frieden leben
- keine Rache üben „Mein ist die Rache spricht der Herr“
- unsere Feinde speisen
- uns nicht vom Bösen überwinden lassen
- das Böse mit dem Guten überwinden
- uns bewusst unter Autorität stellen
- unsere Steuern zahlen

Abschließend fasst Paulus das hier Gesagte folgend zusammen: „Seid niemand irgend etwas schuldig, als nur einander zu lieben!“ (Röm. 12,8a) Das ist unser Part, unser Verhalten im Bund. Wenn jeder von uns darin wächst und sich verändern lässt, dann führt dies zu der Einheit, die Jesus für uns vom Vater erbittet. Wir sind das lebendige, heilige, Gott wohlgefällige Opfer, wenn diese Eigenschaften in uns Gestalt annehmen, wenn mein Herz, mein Charakter dahin gehend verändert wird. Dann haben wir die Gesinnung Christi in uns und dann sind wir Menschen, mit denen Gott wahre Einheit hervorbringen kann. Dann erfüllen wir die Bedingungen im Neuen Bund. Die Bedingung im Neuen Bund kann man mit einem einzigen Wort zusammenfassen: Liebe. Liebe ist die Erfüllung des Gesetzes und alles was wir einander und gegenseitig tun sollen, kann man mit einem Wort zusammenfassen: Liebe! „Denn wer den anderen liebt, hat das Gesetz erfüllt ...“ (Röm. 12,8b) „... so erfüllt meine Freude, dass *ihr dieselbe Gesinnung und dieselbe Liebe habt, einmütig, eines Sinnes seid,* nichts aus Eigennutz oder eitler Ruhmsucht tut, sondern dass in der Demut einer den anderen höher achtet als sich selbst; ein jeder sehe nicht auf das Seine, sondern ein jeder auch auf das der anderen! *Habt diese Gesinnung in euch, die auch in Christus Jesus war,* der in Gestalt Gottes war und es nicht für einen Raub hielt, Gott gleich zu sein (der seine Herrlichkeit nicht für etwas hielt, das er festhalten müsste). Aber er machte sich selbst zu nichts und nahm Knechtsgestalt an, indem er den Menschen gleich geworden ist, und der Gestalt nach wie ein Mensch befunden, erniedrigte er sich selbst und wurde gehorsam bis zum Tod, ja, zum Tod am Kreuz." (Phil. 2,2-8)

Unsere Haltung beim Abendmahl

1. Kor. 11,17-34

Paulus' Brief an die Korinther ist zu entnehmen, dass sie sich mit verschiedenen Fragen an ihn gewandt haben, die er nun der Reihe nach beantwortet. Es gab Spaltungen, Trennung und Parteiung unter ihnen. Interessanterweise geht Paulus ganz anders an die Dinge, die Spaltungen verursachen, heran, als wir vermuten würden. Er ist nicht in Tränen aufgelöst und alles ist ganz schlimm. Nein, er sagt: „Es müssen Parteiungen unter euch sein, damit die Bewährten unter euch offenbar werden." (V 19) Der Elberfelder Studienbibel mit Sprachschlüssel ist zu entnehmen, dass es sich hierbei nicht um eine endgültige Trennung handelte. Es ging einfach um verschiedene Lehrmeinungen. Manche waren abgewichen vom richtigen Denken, abgewichen von der wahren Lehre. Paulus ermahnte sie schon am Anfang seines Briefes mit den Worten: „Redet alle einmütig, es sollen keine Spaltungen unter euch sein, sondern seid im selben Sinn und in der derselben Meinung völlig zusammengefügt." (1. Kor. 1,10) Was war geschehen? Einer sagte: Ich folge Kephas, ein anderer sagte: Ich folge Apollos. (V 12) Sie folgten menschlichen Führern, was ein Zeichen ihrer Fleischlichkeit war, denn sie verließen sich dabei auf ihre eigene Weisheit. Was bekamen sie? Streitigkeiten untereinander! (V 11)

Paulus mahnt ihre Parteiungen und Streitigkeiten an. Streit, Neid, Eifersucht, Stolz, Überheblichkeit, Gerede und mangelnde Gottesfurcht sind Indizien für ein fleischliches Verhalten. Außerdem äußerte sich ihre Fleischlichkeit in ihren Haltungen zueinander darin, dass sie beim Abendmahl nicht aufeinander warteten, um gemeinsam zu essen. Einige waren betrunken und andere hungrig. Indem sie ihre mitgebrachten Lebensmittel nicht miteinander teilten, beschämten sie die Geschwister unter ihnen, die nichts hatten. (V 22) Auf Grund ihrer falschen Haltung gegenüber ihren

Glaubensgeschwistern begingen sie einen Treuebruch am Bund. „Wer aber irdischen Besitz hat und sieht seinen Bruder Mangel leiden und verschließt sein Herz vor ihm, wie bleibt die Liebe Gottes in ihm?" (1. Joh. 3,16)

Deshalb waren viele unter ihnen: „schwach und krank und ein gut Teil sind entschlafen." (V 30) Durch ihre falschen Haltungen zueinander tranken sie das Abendmahl „sich selbst zum Gericht, weil sie den (gemeinschaftlichen) Leib des Herrn nicht richtig beurteilten." (V 29)

Es gibt verschiedene Ursachen, wie man sich das Abendmahl zum Gericht trinken kann.

„Denn wer isst und trinkt, isst und trinkt sich selbst zum Gericht, wenn er den Leib des Herrn nicht richtig beurteilt." (V 29)

1. man beurteilt das Opfer, das Jesus am Kreuz vollbracht hat, nicht richtig.
2. man hat keine Kenntnis darüber, bzw. keinen Glauben daran, was das Blut Jesu für uns erwirkt hat.
3. man ist sich seiner Bündnisbeziehung zum Herrn nicht bewusst.
4. man hat ein falsches Verständnis vom Leib.
5. man hat falsche Haltungen gegenüber seinen Glaubensgeschwistern.
6. man lebt ohne verbindliche Beziehungen zu seinen Glaubensgeschwistern.
7. man lebt nicht hingegeben und ohne Verpflichtungen.

„Deshalb sind viele unter euch schwach und krank, und ein gut Teil sind entschlafen." (V 30)

Auf den ersten Blick sieht es so aus, als würde Gott uns mit Krankheit oder Tod strafen, wenn wir nicht richtig miteinander leben. Sieht man sich jedoch die drei griechischen Wörter etwas genauer an, findet man folgende Erklärung:

schwach:

- kraftlos, unfähig
- ohne Kraft in Bezug auf geistliche Dinge

krank:
- moralische Schwäche
- kraftlos
- physisch

entschlafen:
- geistlich tot
- physisch tot
- schlafende Menschen in einer Gemeinde

Zuerst wird man schwach, unfähig, weiter im geistlichen Dienst zu stehen. Gebet, das früher „funktioniert" hat, bewirkt nichts mehr. Die geistlichen Dinge verblassen, werden einem unwichtiger. Da nichts mehr ist wie es war, fällt man in alte Gewohnheiten zurück. Man verlässt die Führung des Heiligen Geistes, vertraut auf seine eigenen Wege, macht „Fleisch zu seinem Arm." (Jer. 17,5) – und fällt so zurück in Gesetzlichkeit, Fleischlichkeit, erlebt den fortschreitenden Rückfall in „irdisch – seelisch – teuflisch" (Jak. 3,15) Und das bedeutet schließlich den geistlichen Tod.

„Der Mensch aber prüfe sich selbst, und so esse er von dem Brot und trinke von dem Kelch." (V 28) Hier steht nicht, dass ICH den ANDEREN prüfen soll. Hier steht: Jeder prüfe SICH SELBST. Wir wissen oft ziemlich genau, wieso der andere nicht am Abendmahl teilnehmen sollte, doch hier steht: Der Mensch aber prüfe sich selbst!

Prüfen bedeutet untersuchen, ob etwas wert ist, angenommen zu werden. Das heißt, wir müssen in dem Bewusstsein das Abendmahl nehmen, dass das Opfer Jesu wert ist, angenommen zu werden und uns fragen, ob unsere Beziehungen zu unseren Geschwistern stimmen. Stolz, Arroganz, Selbstüberschätzung, Überheblichkeit führen zu einem Missbrauch des Abendmahls. Wenn wir nicht in den richtigen Beziehungen zueinander stehen, essen und trinken wir uns das Abendmahl zum Gericht. „Wer also unwürdig das Brot isst oder den Kelch des Herrn trinkt, wird des Leibes und Blutes des Herrn schuldig sein." (V 27)

Unwürdig ist ein Adverb und bezieht sich nicht auf die Person selbst, sondern auf ihr Verhalten. Unwürdig steht im unmittelbaren Zusammenhang mit der Art und Weise, wie etwas getan wird.

Als unwürdig könnte man auch ein gedankenloses oder rücksichtsloses Verhalten bezeichnen. Durch ihre Haltungen und ihr sichtbares Verhalten am Abendmahlstisch, indem sie nicht aufeinander warteten, sich betranken, ihr Essen nicht miteinander teilten und dadurch andere beschämten, haben sie ihre Geschwister verachtet, wozu Paulus nur sagt: „Wenn ihr nun zusammen kommt, so ist es nicht möglich, das Herrenmahl zu essen." (V 20) „Daher meine Brüder, wenn ihr zusammen kommt, um zu essen, so wartet aufeinander! Wenn jemand hungert, der esse daheim, damit ihr nicht zum Gericht zusammenkommt." (V 32-33)

Die Bibel kennt verschiedene deutsche Wörter für unser Abendmahlsverständnis: Abendmahl, Herrenmahl und Liebesmahl.

Das *Abendmahl* ist der Tisch des Herrn und jeder Gott hingegebene Christ hat das Recht, daran teilzunehmen.

Herrenmahl bedeutet, zu einem Herrn oder Herrscher gehören – einem Herrn geweiht sein. Demnach erkläre ich durch die Feier des Abendmahls vor der sichtbaren und unsichtbaren Welt, dass ich zu meinem HERRN Jesus Christus gehöre. Nicht mehr lebe ich, sondern Jesus Christus lebt in mir! Wir feiern seinen Sieg am Kreuz und seine Auferstehung. Die Feier mit Brot und Wein ist keine Sache, die Gott von uns verlangt, damit es IHM „gut geht". Abendmahl ist etwas, das wir brauchen, denn wir machen uns den Segen zu Eigen, der im Abendmahl liegt.

An einer anderen Stelle wird Abendmahl mit *Liebesmahl* übersetzt. (Judas 1,12) Dies bezieht sich auf die Liebe Gottes. Es ist eine wohlwollende Liebe, die ihr Wohlwollen nicht darin zeigt, dass sie tut, was die geliebte Person verlangt, sondern was diese vom Liebenden braucht.

Das *Hochzeitsmahl* des Lammes ist die Vollendung der Erlösung die sich durch die personelle Anwesenheit, das sichtbare Erscheinen unseres Herrn Jesus Christus auszeichnet. Die Bibel beginnt mit einer Ehe – Adam und Eva – und endet mit einer Ehe – Jesus Christus und seine Braut – beim Hochzeitsmahl des Lammes. Das ist der Zeitpunkt, wo wir sichtbar mit Jesus Abendmahl feiern. „Ich sage euch aber, dass ich von nun an nicht mehr von diesem Gewächs des Weinstocks trinken werde bis zu jenem Tag, da ich es neu mit euch trinken werde in dem Reich meines Vaters."

(Matth. 26,29) Wenn wir gemeinsam Abendmahl feiern, erhalten wir schon jetzt einen Vorgeschmack auf das große Abendmahl, dem Hochzeitsmahl des Lammes, und das sollte uns mit Freude erfüllen.

Als Jesus mit seinen Jüngern Abendmahl feierte, stand er nicht im Tempel vor dem Allerheiligsten. Er gab ihnen auch keine Hostie in den Mund. Jesus saß mit seinen Freunden zusammen an einem Tisch, um gemeinsam zu essen. Zur damaligen Zeit war es üblich, dass der Hausherr das Brot auf dem Tisch nahm und in Stücke teilte. Danach reichte er es den Gästen am Tisch, sprach ein Dankgebet und jeder verzehrte dieses Stück sofort. Damit drückten sie Gott ihren Dank aus, der ihnen das Brot gegeben hatte. Damit ihr Gebet nicht vergeblich gesprochen war, aßen sie es sofort. Diese Tradition findet ihren Ursprung in Josua 5. Als das Volk Israel im verheißenen Land das erste Getreide erntete und daraus Brot buk, hörte das Manna, das Himmelsgetreide oder, wie es auch genannt wird, Brot der Engel, das sie vierzig Jahre lang gegessen hatten, auf. (Ps. 78,24)

„Und die Söhne Israel lagerten in Gilgal. Und sie feierten das Passah am vierzehnten Tag des Monats, am Abend, in den Steppen von Jericho. Und sie aßen von dem Ertrag des Landes am Tag nach dem Passah, ungesäuertes Brot und geröstete Körner, an eben diesem Tag. *Das Man aber hörte auf am folgenden Tag, als sie von dem Ertrag des Landes aßen, und es gab für die Söhne Israel künftig kein Man mehr.* Und sie aßen von der Ernte des Landes Kanaan in jenem Jahr." (Josua 5,10-12)

Seit diesem Zeitpunkt wurde bei jeder Mahlzeit das Brot geteilt, jedem ein Stück gegeben, gedankt und sofort gegessen. Jesus, der diese Praxis kannte, nahm das Brot, brach es in Stücke und verlieh dieser Handlung eine ganz neue tief gehende Bedeutung, indem er sagte: „Nehmt, esst, dies ist mein Leib!" (Matth. 26,26b) Er erklärte ihnen damit, dass dieser Laib Brot sein Leben ist, sein Körper, der gebrochen wird und dass jeder, der sein Jünger sein will, davon essen muss.

Ganz wichtig finde ich auch die Tatsache, dass man zur damaligen Zeit nie das Brot mit einem „Feind" teilte. Personen, die sich nicht wohl gesonnen waren, speisten nicht miteinander. Eine Tischgemeinschaft war damit immer auf echte Freunde begrenzt. Das griechische Wort für Gemeinschaft, koinonia, kann man mit Gemeinde, Gemeinschaft oder enge Verbindung übersetzten. Dieses Wort beinhaltet zwei Elemente, die sich gegenseitig verstärken. Zum einen eine ständig wachsende Freundschaft, und zum anderen die Entwicklung einer gemeinsamen Vision, gemeinsamer Ziele und Prioritäten. Das ist auch ein Grund, warum Ungläubige vom Abendmahl ausgeschlossen sind. Gemeinschaft bedeutet Vereinigung, Verschmelzung und beinhaltet absolute Ehrlichkeit und Aufrichtigkeit. „Der Kelch der Segnung, den wir segnen, ist er nicht die Gemeinschaft des Blutes des Christus? Das Brot, das wir brechen, ist es nicht die Gemeinschaft des Leibes des Christus?" (1. Kor. 10,16) Wir sehen hieran, dass unsere Haltungen gegenüber unseren Glaubensgeschwistern außerordentlich wichtig sind und im Einklang mit Gottes Prinzipien stehen müssen. Unsere Haltungen gegenüber unseren Geschwistern sollten geprägt sein von Ehrlichkeit und Aufrichtigkeit.

„Und er nahm einen Kelch und *dankte* und gab ihnen den und sprach: Trinkt alle daraus! Denn dies ist mein Blut des Bundes." (Matth. 26,27) Das Danken hier an dieser Stelle bedeutet ein Loben und Verherrlichen Gottes, welches nur durch Gott und seine offenbarte Herrlichkeit veranlasst ist. Es bedeutet: für ein unverdientes Geschenk danken.

Auch in Markus 14,22 lesen wir, dass Jesus das Brot segnete. Dieses Wort segnen ist eng mit dem schon erklärten Wort danken verwandt. Es bedeutet: Danken für die Gabe Gottes und sie göttlichem Gebrauch weihen. Wenn wir beim Abendmahl für das Brot und den Wein danken, dann danken wir Gott für das uns unverdient geschenkte Opfer Jesu und weihen Brot und Wein göttlichem Gebrauch. Damit wird der Wein im Glauben zum Blut Jesu und das Brot zu seinem Leib. Wir nehmen göttliches Leben in uns auf. Wir essen und trinken Jesus.

NEHMT AUF

„Und während sie aßen, nahm er Brot, segnete, (weihte es göttlichem Gebrauch) brach und gab es ihnen und sprach: **Nehmt**, dies ist mein Leib! Und er nahm einen Kelch, dankte (für das unverdiente Geschenk) und gab ihnen; und sie tranken alle daraus. Und er sprach zu ihnen: Dies ist mein Blut des Bundes, das für viele vergossen wird." (Mk. 14,22-24)

Jesus nahm das Brot und sprach: Nehmt, dies ist mein Leib! Macht euch meinen Leib so innig zu Eigen und habt Anteil an seiner Nährkraft, so wie ihr Nahrung aufnehmt und Anteil an seiner Nährkraft habt. So wie wir im natürlichen Bereich Brot essen und durch die Kohlenhydrate, Ballaststoffe, Spurenelemente und Vitalstoffe im Brot fähig sind zu leben, genauso bekommen wir jede nur erdenkliche geistliche Stärkung, wenn wir das Abendmahl feiern und Brot und Wein zu uns nehmen. Das Brot, das wir beim Abendmahl essen, ist eine geistliche Speise und steht für Heilung, Offenbarung, Glaube, Leben, Sättigung, ewiges Leben und Autorität. Diese Dinge werden uns durch das Brot und den Wein, das Leben Jesu, im Glauben geschenkt.

Brot des Lebens

BROT DER HEILUNG

Jesus zog durch das Land und heilte alle Kranken. In Matthäus 15,21-28 wird uns von einer kanaanäischen Frau berichtet, die hinter Jesus herlief und schrie: „Erbarme dich, Herr, meine Tochter ist schlimm besessen." Wie reagierte Jesus? Heilte er die Tochter der Frau sofort?

Sie war keine Israelitin, sie stammte aus Kanaan. Jesus ignorierte diese Frau vollkommen. Er ging einfach weiter und liess sich nicht stören. Es interessierte ihn überhaupt nicht. Doch die Frau lief hartnäckig weiter hinter ihm her. Die Jünger baten Jesus: „Entlass sie! Sie schreit hinter uns her." Mit anderen Worten: Jesus tu was, diese Frau nervt! Jesus antwortete: Ich bin nur zu dem Volk Israel gesandt, was geht mich diese Frau und ihre Tochter an? Die Frau fällt zu Jesu Füssen nieder, betet ihn durch ihre demütige Haltung an, erkennt seine Autorität an und bittet ihn um Hilfe. Für uns vollkommen kontrovers und lieblos zeigt Jesu ihr ihre Unwürdigkeit und vergleicht sie mit einem Hund, worauf die Frau sagt: „Aber auch die Hunde essen von den Krumen, die vom Tisch herabfallen.“ (V 27) Jesus, ein einziges Krümel, eine kleine winzige Brotkrume reicht mir vollkommen aus, mehr will ich doch gar nicht. Ich will nur das, was vom Tisch fällt und was die Hunde sowieso essen.

Stell dir deine Brotschneidemaschine vor. Jedes Mal wenn wir Brot abschneiden, liegen dort unzählige Krümel herum. Die Krümel wischen wir einfach weg. Wir essen nur die ganzen Brotscheiben. Wir benötigen die Krümel nicht, aber diese Frau glaubte, dass nur einer dieser Krümel, die sowieso für den Abfall bestimmt sind, ausreichen würde, um ihrer Tochter Befreiung zu bringen.

Darauf sagte Jesus zu ihr: „Dein Glaube ist groß. Dir geschehe wie Du willst! Und ihre Tochter war geheilt von jener Stunde an.“

Das Brot auf dem Tisch ist Heilung! Es ist unser Brot! Heilung ist das Brot der Kinder Gottes.

Es liegt auf dem Tisch, das ganze Brot der Heilung. Wir müssen es nur nehmen.

Johannes 6

BROT IST EIN GESCHENK

Jesus zog durch das Land und eine große Volksmenge folgte ihm wegen der Zeichen, die er an den Kranken tat. (Joh. 6,2) Er stieg mit seinen Jüngern auf einen Berg und fragte Philippus, woher sie Brot nehmen sollten, um das Volk satt zu machen. Phillipus kam zu dem Schluss, dass 200 Denare, was durchschnittlich betrachtet etwa 20.000 Euro entspricht, nicht ausreichen würde, um das Volk zu speisen. Das Geld, das sie zur Verfügung hatten, reichte nicht aus, dass jeder auch nur ein klein wenig bekäme. (V 7) Ein kleiner Junge ist im Besitz von fünf Broten und zwei Fischen.

Jesus nahm den Fisch und das Brot und dankte (weihte es göttlichem Gebrauch), und Brot und Fische wurden auf wunderbare Art und Weise vermehrt. Alle Anwesenden wurden satt und sammelten zwölf Körbe mit Brotresten ein. Es bekam jeder genug ab, um seinen Hunger zu stillen. (V 12+13)

Das Brot, das Jesus uns gibt, können wir nicht kaufen und uns durch nichts verdienen. Das Brot Jesu ist ein Geschenk der Gnade!

BROT DER OFFENBARUNG

Das Volk hatte das Wunder der Brotvermehrung soeben erlebt und erkannte, dass Jesus ein Prophet war. „Dieser ist wahrhaftig der Prophet, der in die Welt kommen soll." (V 14)

Durch das Essen des Brotes bekamen sie diese Offenbarung.

BROT DER SÄTTIGUNG

Am darauf folgenden Tag suchten die Leute Jesus, fanden ihn am gegenüber liegenden Ufer des Sees und fragten ihn: „Rabbi, wann bist du hierher gekommen?" Jesus gab ihnen keine Antwort auf ihre Frage. Er sagte: „Ihr sucht mich *nun nicht mehr, weil* ihr Zeichen und Wunder sehen wollt, sondern weil ihr von dem Brot gegessen habt und satt geworden seid." (V 26) Bevor Jesus das Brot vermehrte, folgte ihm das Volk nur wegen der Zeichen und Wunder nach, die ER tat. (V 2) Sie waren sensationsgierig und wollten alles mit ihren eigenen Augen sehen und erleben. Durch das Essen des Brotes bekamen sie eine Offenbarung über Jesus. Nun waren die Zeichen unwichtig. Die Leute folgten nun Jesus, weil sie von dem Brot, das vom Himmel kam, gegessen hatten und dieses Brot öffnete ihnen die Augen. Sie aßen Brot, welches buchstäblich vom Himmel kam, sie aßen eine geistliche Speise.

BROT DES GLAUBENS

Jesus erklärte ihnen sodann, dass es am wichtigsten ist, sich nach bleibender Speise auszustrecken, die zum ewigen Leben führt und die nur ER geben kann.

„Wirket nicht für die Speise, die vergeht, sondern für die Speise, die da bleibt ins ewige Leben, die der Sohn des Menschen euch geben wird! Denn diesen hat der Vater, Gott, beglaubigt. Da sprachen sie zu ihm: Was sollen wir tun, damit wir die Werke Gottes wirken? Jesus antwortete und sprach zu ihnen: Dies ist das Werk Gottes, dass ihr an den glaubt, den er gesandt hat. Da sprachen sie zu ihm: Was tust du nun für ein Zeichen, damit wir sehen und dir glauben? Was wirkst du?" (V 27-30)

Das Brot, das unseren Glauben stärkt, ist Jesus. Jesus sagt: glaubt mir, dass ich euch Speise geben werde, die Ewigkeitswert hat. Ihr habt doch das Zeichen gesehen und von den Broten gegessen.

Glaubt an mich! „Denn diesen hat der Vater, Gott, beglaubigt." Wodurch wurde Jesus beglaubigt? Durch die Brotvermehrung! Sie verstanden nicht, was er meinte und forderten noch ein Zeichen. Das Wunder der Brotvermehrung reichte ihnen nicht aus.

HIMMELSBROT

„Unsere Väter aßen das Manna in der Wüste, wie geschrieben steht: Brot aus dem Himmel gab er ihnen zu essen." (V 31)

Sie erinnerten sich hier, dass ihre Vorfahren etwas Ähnliches in der Wüste auf dem Weg ins verheißene Land erlebt hatten. Unsere Väter aßen Manna in der Wüste! Genau das ist es, was unseren Vätern in der Wüste widerfahren ist! „Brot aus dem Himmel gab er ihnen zu essen." Sie erinnerten sich an das Manna, das jeden Morgen auf der Erde lag, das übernatürlich einfach da war, ihre Väter stärkte und am Leben hielt, als ihre Väter sich verzweifelt und unzufrieden zurück sehnten nach den Fleischtöpfen Ägyptens. „Da sprach der HERR zu Mose: Siehe, ich will euch Brot vom Himmel regnen lassen. Dann soll das Volk hinausgehen und den Tagesbedarf täglich sammeln, damit ich es prüfe, ob es nach meinem Gesetz leben will oder nicht." (2. Mo. 16,1-5)

Das Volk war auf die übernatürliche Versorgung Gottes angewiesen. Sie hatten keine andere Quelle für Nahrung als nur Gott allein. Es gab keine Felder, wo sie Getreide hätten anbauen können. Ihr Vorrat an Proviant war aufgebraucht und sie hatten Hunger und Angst. Durch diese Abhängigkeit war Gott in der Lage einzugreifen. In genau dieser Abhängigkeit wollte Gott sie haben. Ihr Hunger konnte nur von Gott allein gestillt werden. Sie wurden übernatürlich vom Himmel versorgt. „Dann soll das Volk hinausgehen und den Tagesbedarf täglich sammeln, *damit ich es prüfe, ob es nach meinem Gesetz (meiner Weisung) leben will oder nicht.*"

Gott prüfte ihre Herzen auf Gehorsam und Abhängigkeit. Er sagte damit: Ich ernähre euch gern, ich weiß, was ihr braucht, ich kenne die Menge, aber seid ihr auch bereit, mir zu vertrauen und mich bestimmen zu lassen, welche Speise ihr benötigt? Gesteht ihr mir zu, dass ich weiß, was gut für euch ist und lasst mich auch die Menge bestimmen? Daran erinnerten sich die Jünger, als Jesus die Brote vermehrte.

„Da sprach Jesus zu ihnen: Wahrlich, wahrlich, ich sage euch: Nicht Mose hat euch das Brot aus dem Himmel gegeben, sondern mein Vater gibt euch das wahrhaftige Brot aus dem Himmel. Denn das Brot Gottes ist der, welcher aus dem Himmel herabkommt und der Welt das Leben gibt. Da sprachen sie zu ihm: Herr, gib uns allezeit dieses Brot! Jesus sprach zu ihnen: Ich bin das Brot des Lebens: Wer zu mir kommt, wird nicht hungern, und wer an mich glaubt, wird nie mehr dürsten." (V 32-35)

VOLLKOMMENE SÄTTIGUNG

Das Brot des Lebens ist Jesus selbst. „Ich bin das Brot des Lebens: Wer zu mir kommt, wird nicht hungern, und wer an mich glaubt, wird nie mehr dürsten." (V 35)

BROT DES GLAUBENS

„Wahrlich, wahrlich ich sage euch: Wer glaubt, hat ewiges Leben. Ich bin das Brot des Lebens." (V 47-48)

BROT – GEISTLICHE SPEISE

„Eure Väter haben das Manna gegessen und sind gestorben. Dies aber ist das Brot, was aus dem Himmel herab kommt, damit man davon esse und nicht sterbe." (V 49-50)

BROT DES LEBENS UND DER VERSORGUNG

„Dies aber ist das Brot, das aus dem Himmel herab kommt, damit man davon esse und nicht sterbe." (V 50) Es wird uns von unserem Vater im Himmel geschenkt. ER versorgt uns mit SEINEM Brot. Und dieses Brot ist Jesus! Wenn wir Abendmahl feiern und das Brot nehmen, nehmen wir Jesus ganz in uns auf. Jesus sagt: „Ich bin das Brot des Lebens." (Joh. 6,48)

BROT DES AUFERSTEHUNGS- UND EWIGEN LEBENS

„Wahrlich, wahrlich, ich sage euch: Wer glaubt, hat ewiges Leben. Ich bin das Brot des Lebens. Eure Väter haben das Manna in der Wüste gegessen und sind gestorben. Dies aber ist das Brot, das aus dem Himmel herabkommt, damit man davon esse und nicht sterbe. Ich bin das lebendige Brot, das aus dem Himmel herabgekommen ist; wenn jemand von diesem Brot isst, wird er leben in Ewigkeit. Das Brot aber, das ich geben werde, ist mein Fleisch für das Leben der Welt." (V 47-51)

Jesus ist das Brot des Lebens. Wenn wir beim Abendmahl Brot essen, dann essen wir Jesus und er erfüllt uns völlig. Wir nehmen göttliches Leben in uns auf. Jesus selbst sagt, dass wir nur dann echtes Leben in uns hätten, wenn wir sein Fleisch essen und sein Blut trinken würden.

„Jesus sprach zu ihnen: Wahrlich, wahrlich, ich sage euch: Wenn ihr nicht das Fleisch des Sohnes des Menschen esst und sein Blut trinkt, so habt ihr kein Leben in euch selbst. Wer mein Fleisch isst und mein Blut trinkt, hat ewiges Leben, und ich werde ihn auferwecken am letzten Tag; denn mein Fleisch ist wahre Speise, und mein Blut ist wahrer Trank. Wer mein Fleisch isst und mein Blut trinkt, bleibt in mir und ich in ihm. Wie der lebendige Vater mich gesandt hat, und ich lebe um des Vaters willen, so auch, wer mich isst, der wird auch leben um meinetwillen. Dies ist das Brot, das aus dem Himmel herabgekommen ist. Nicht wie die Väter aßen und starben; wer dieses Brot isst, wird leben in Ewigkeit." (V 53-58)

Jesus selbst sagt uns, dass wir nur Leben in uns haben, wenn wir sein Fleisch essen und sein Blut trinken. Jesus ist das Brot und beim Abendmahl essen wir sein Fleisch. Wir nehmen sein göttliches Leben in uns auf und werden so gestärkt und gesättigt. Uns wird Heilung, Offenbarung, Kraft, Glaube, Leben, vollkommene Sättigung, Autorität, ewiges und Auferstehungsleben zuteil. Jesus selbst sagt: Wenn ihr geistliches und ewiges Leben haben möchtet, dann müsst ihr mich essen, denn nur wer mein Fleisch isst und mein Blut trinkt, bleibt in mir und ich in ihm. Wer mich isst, wird leben in Ewigkeit, weil göttliches Leben in mir ist. Jesus weist uns darauf hin, dass wir es nötig haben, Ihn ganz tief in uns aufzunehmen. Wenn Jesus das sagt, dann müssen wir glauben, dass dies die Wahrheit ist und es ganz einfach auch tun.

Wir essen Jesus, das offenbarte Wort, indem wir Bibel lesen und sein Wort studieren und wir essen und trinken Jesus, indem wir sein Fleisch und sein Blut beim Abendmahl nehmen. *„Wenn ihr nicht* das Fleisch des Sohnes des Menschen esst und sein Blut trinkt, so habt ihr kein Leben in euch selbst." (V 53) Die Bedingung ist mit einer Verheißung verbunden. *„Wer mein Fleisch isst* und *mein Blut trinkt, bleibt in mir und ich in ihm.*" (V 56) „Wer dieses Brot isst, wird leben in Ewigkeit." (V 58b)

„Und er nahm Brot, dankte, brach und gab es ihnen und sprach: *Dies ist mein Leib,* der für euch gegeben wird. Ebenso auch den Kelch nach dem Mahl und sagte: Dieser Kelch *ist der neue Bund in meinem Blut,* das für euch vergossen wird." (Luk. 22,19-20)

Durch den neuen Bund, der gegründet ist im Blut Jesu, gehören uns alle Segnungen, die uns mit Jesus geschenkt wurden. „Er, der doch seinen eigenen Sohn nicht verschont, sondern ihn für uns alle hingegeben hat: wie wird er uns mit ihm nicht auch alles schenken." (Röm. 8,32)

IM ABENDMAHL LIEGT AUTORITÄT

Paulus hatte nie selbst mit Jesus Abendmahl gefeiert, bekam aber über dessen Wichtigkeit eine Offenbarung direkt vom Herrn. „Denn ich habe vom Herrn empfangen, was ich euch jetzt überliefert habe ..." (1. Kor. 11,23) Diese Offenbarung schenkte ihm der HERR selbst durch seinen Heiligen Geist. Dies ist auch, was wir brauchen: eine Offenbarung direkt in unser Herz. Wir können unseren Kopf mit Wissen füllen, aber das Verstehen, das Offenbarwerden muss in unser Herz fallen. Denn wir glauben mit unserem Herzen und nicht mit unserem Verstand.

„Denn ich habe von dem Herrn empfangen, was ich auch euch überliefert habe, dass der Herr Jesus in der Nacht, in der er überliefert wurde, Brot nahm und als er gedankt hatte, es brach und sprach: Dies ist mein Leib, der für euch ist; dies tut zu meinem Gedächtnis! Ebenso auch den Kelch nach dem Mahl und sprach: Dieser Kelch ist der neue Bund in meinem Blut, dies tut, sooft ihr trinkt, zu meinem Gedächtnis!" (1. Kor. 11,23-25)

„... was ich auch euch überliefert habe, dass der Herr Jesus in der Nacht, in der er überliefert wurde, Brot nahm ..."

Im griechischen liegt hier ein Wortspiel vor, das nicht „richtig" übersetzt werden kann. Es müsste in etwa heißen: Wie Jesus den Autoritäten übergeben wurde, wird euch Autorität übergeben, wenn ihr das Brot nehmt.

Im Abendmahl findet also eine Autoritätsübergabe statt. Wir essen Jesus und trinken sein Blut im Glauben und nehmen Jesus völlig in uns auf. Dadurch bekommen wir Anteil an ihm selbst, an seinem ganzen Wesen und an seiner Autorität.

„Und Jesus trat zu ihnen und redete mit ihnen und sprach: *Mir ist alle Macht gegeben* im Himmel und auf Erden." (Matth. 28,18)

Jesus hat uns seine Autorität, seine Vollmacht weiter gegeben. *„Siehe, ich habe euch die Macht gegeben* (ich gebe euch die Macht), auf Schlangen und Skorpione zu treten, und über die ganze Kraft des Feindes, und nichts soll euch schaden." (Lk. 10,19)

Im Abendmahl liegt übernatürliche Kraft, die wir uns im Glauben zu Eigen machen, um gerüstet und gestärkt zu sein. Bevor Jesus seinen Jüngern den Missionsbefehl gab, offenbarte er sich ihnen, als sie zu Tisch lagen. „Nachher offenbarte er sich den Elfen selbst, *als sie zu Tisch lagen ...*" (Mk. 16,14a) Anzunehmen ist, dass er hier mit ihnen Abendmahl feierte, denn auch die beiden Emmaus Jünger erkannten den Herrn erst, als er das Brot brach. „Und es geschah, als er mit ihnen zu Tisch saß, nahm er das Brot, dankte, brach's und gab's ihnen. Da wurden ihre Augen geöffnet, und sie erkannten ihn." (Lk. 24,30-31)

Daraus erschließt sich uns eine weitere Wahrheit. Auch durch das Abendmahl erkennen wir mehr und mehr, wer und wie Jesus ist. Die Augen unserer Herzen werden geöffnet.

Danach erst sprach er zu ihnen: „Geht hin in die ganze Welt und predigt das Evangelium der ganzen Schöpfung! Wer gläubig geworden und getauft worden ist, wird errettet werden; wer aber ungläubig ist, wird verdammt werden. Diese Zeichen aber werden denen folgen, die glauben: In meinem Namen werden sie Dämonen austreiben; sie werden in neuen Sprachen reden, werden Schlangen aufheben, und wenn sie etwas Tödliches trinken, wird es ihnen nicht schaden; Schwachen werden sie die Hände auflegen, und sie werden sich wohl befinden. Der Herr wurde nun, nachdem er mit ihnen geredet hatte, in den Himmel aufgenommen und setzte sich zur Rechten Gottes. Jene aber zogen aus und predigten überall, während der Herr mitwirkte und das Wort durch die darauf folgenden Zeichen bestätigte." (Mk. 16,15-20)

„Geht nun hin und macht alle Nationen zu Jüngern, und tauft sie auf den Namen des Vaters und des Sohnes und des Heiligen Geistes, und lehrt sie alles zu bewahren, was ich euch geboten habe! *Und siehe, ich bin bei euch alle Tage bis zur Vollendung des Zeitalters.*“ (Matth. 28,19-20)

Jesus verspricht uns immer, ständig bei uns zu sein. Er ist in uns. Sein königliches Blut stärkt und sättigt uns und schenkt uns sein Leben, damit wir im Gehorsam und in aller Freimütigkeit hinaus gehen und Seine Zeugen sein können, denn Er ist: *„Jesus Christus in uns,* die Hoffnung der Herrlichkeit!“ (Kol. 1,27b)

Den Segen Gottes zu Eigen machen

„Der Kelch der Segnung, den wir segnen, ist er nicht die Gemeinschaft des Blutes des Christus? Das Brot, das wir brechen, ist es nicht die Gemeinschaft des Leibes des Christus? Denn ein Brot, ein Leib sind wir, die vielen, denn wir alle nehmen teil an dem einen Brot. Seht auf das Israel nach dem Fleisch! Sind nicht die, welche die Schlachtopfer essen, in Gemeinschaft mit dem Altar? Was sage ich nun? Dass das einem Götzen Geopferte etwas sei? Oder dass ein Götzenbild etwas sei? Nein, sondern dass das, was sie opfern, sie den Dämonen opfern und nicht Gott. Ich will aber nicht, dass ihr Gemeinschaft habt mit den Dämonen (dass ihr Teilhaber der Dämonen seid). Ihr könnt nicht des Herrn Kelch trinken und der Dämonen Kelch; ihr könnt nicht am Tisch des Herrn teilnehmen und am Tisch der Dämonen. Oder wollen wir den Herrn zur Eifersucht reizen? Sind wir etwa stärker als er?“ (1. Kor. 10,16-22)

Nach alttestamentlicher Sitte war ein Opfermahl fast immer mit dem Essen des Opfers verbunden. Das Opferfleisch musste gegessen werden. Nur so stand man in einer Beziehung zu dem Gott, für den das Opfer gebracht wurde. Durch das Essen des Opferfleisches hatten die Opfernden so Anteil an dem Segen selbst. Das Abendmahl ist das Opfermahl Jesu, der sich selbst für uns hingegeben hat und durch den wir den Segen, der damit verbunden ist, immer wieder aufs Neue empfangen. Das Opfer Jesu war einmalig und bedarf keiner Wiederholung. Aber Jesus ordnet eine Wiederholung des Abendmahls an.

Paulus stellt hier das Abendmahl dem Opfermahl der Heiden gegenüber und kommt zu dem Schluss, dass es keine bedeutungslose Feier eines Opfermahls gibt. Der Essende tritt in eine geheimnisvolle Gemeinschaft mit der Macht ein, um derentwillen die Feier gehalten wird. Indem man daran teil nimmt, stellt man sich selbst unter den Einfluss dieser Macht. Sei es nun eine Segenbringende oder Fluchbringende. „Sind nicht die, welche die Schlachtopfer essen, in Gemeinschaft mit dem Altar?" (V 18)

Wir treten beim Abendmahl in göttliche Gemeinschaft ein und werden so zu Teilhabern aller Segnungen, die das Kreuz für uns bereitgestellt hat.

Durch den Wein, das Blut, „die Gemeinschaft des Blutes Jesu" haben wir Anteil an dem Versöhnung stiftenden Leben unseres Herrn Jesus Christus. Wir haben Anteil an all dem, was das Blut Jesu für uns erkauft hat. Wir werden zu Teilhabern seines Blutes und sein Blut wird so in unserem Leben wirksam.

Durch das Brot, seinen Leib, „die Gemeinschaft des Leibes" haben wir Anteil an dem Auferstehungsleben Jesu Christi.

„Ich will aber nicht, dass ihr Gemeinschaft habt mit den Dämonen (dass ihr Teilhaber der Dämonen seid). Ihr könnt nicht des Herrn Kelch trinken und der Dämonen Kelch; ihr könnt nicht am Tisch des Herrn teilnehmen und am Tisch der Dämonen." (V 20b-21)

Paulus sagt: Entscheide dich! Du kannst nicht zwei Herren dienen. Durch das Abendmahl machen wir uns den Segen zu Eigen, den Gott in seinem Wort verheißen hat. Wir haben Anteil an Jesus durch das Essen und Trinken. Wir nehmen Seinen Segen ganz in uns auf. „Denn auch unser Passahlamm, Christus, ist geschlachtet." (1. Kor. 5,7)

Uns zum Vorbild – eine geistliche Speise und ein geistlicher Trank

1. Kor. 10

Paulus vergleicht das Abendmahl mit Ereignissen während der Wüstenwanderung. Er vergleicht das Volk des Alten Bundes mit der Gemeinde Jesu im Neuen Bund und zieht gewisse Parallelen. „Denn ich will nicht, dass ihr in Unkenntnis darüber seid, Brüder, dass unsere Väter alle unter der Wolke waren und alle durch das Meer hindurchgegangen sind und alle in der Wolke und im Meer auf Mose getauft wurden und alle dieselbe geistliche Speise aßen und alle denselben geistlichen Trank tranken; denn sie tranken aus einem geistlichen Felsen, der sie begleitete. Der Fels aber war der Christus. An den meisten von ihnen aber hatte Gott kein Wohlgefallen, denn sie sind in der Wüste hingestreckt worden. Diese Dinge aber sind als Vorbilder für uns geschehen, damit wir nicht nach Bösem gierig sind, wie jene gierig waren." (1. Kor. 10,1-6)

Die Gemeinde und die Israeliten haben demnach alle dieselben Vorraussetzungen. ALLE Israeliten wurden im Meer und in der Wolke getauft. ALLE Gläubigen haben die Wasser- und die Geistestaufe empfangen.

ALLE Israeliten aßen dieselbe geistliche Speise und ALLE Israeliten tranken denselben geistlichen Trank. Für ALLE Gläubigen ist Brot und Wein die geistliche Speise und der geistliche Trank beim Abendmahl, wo wir Jesus in uns aufnehmen. „... und alle in der Wolke und im Meer auf Mose getauft wurden und alle dieselbe geistliche Speise aßen und alle denselben geistlichen Trank tranken; denn sie tranken aus einem geistlichen Felsen, der sie begleitete. **Der Fels aber war der Christus.**" (V 3-4)

„An den meisten von ihnen aber hatte Gott kein Wohlgefallen!" Die Schrift sagt: „Ohne Glauben aber ist es unmöglich, ihm wohl zu gefallen ..." (Hebr. 11,6) Unmöglich bedeutet nicht, ein wenig zu glauben, unmöglich heißt, es gibt keine Möglichkeit, dass Gott an mir Gefallen findet. Ich gefalle Gott nur dann, wenn ich ohne Abstriche Ihm und seinem Wort Glauben schenke. Wir sehen im weiteren Verlauf dieses Abschnittes, dass das Hauptproblem der Israeliten Unglaube war, kein Vertrauen, dass Er sie versorgt, alles zum richtigen Zeitpunkt gibt und einfach alles in seiner Hand hält. Haben wir den Glauben, der vor Gott wohlgefällig ist oder unterscheiden wir uns im Grunde nicht allzu sehr von ihnen? Vertrauen wir Gott, dass er uns rechtzeitig zur Hilfe kommt? Wenn wir nun hier weiter lesen, sollten wir uns fragen, wo wir stehen.

Der geistliche Trank der Israeliten war das Wasser aus dem Felsen zu Refidim. (2. Mose 17,4) Sie hatten kein Trinkwasser, stritten sich mit Mose und forderten Wasser. Sie stellten Gottes Fähigkeit zu helfen in Frage und versuchten Ihn, indem sie Wunder forderten. Sie lehnten sich auf, murrten und sagten: „Ist der HERR in unserer Mitte oder nicht?“ (V 7) Mose schlug mit seinem Stab auf den Felsen und heraus kamen gewaltige Wassermassen. „Er spaltete Felsen in der Wüste und tränkte sie reichlich, wie mit Urfluten. Er ließ Bäche hervorkommen aus dem Felsen und Wasser herab laufen wie Flüsse. Doch sie fuhren weiter fort, gegen ihn zu sündigen, sich gegen den Höchsten widerspenstig zu zeigen in der Wüste. Sie versuchten Gott in ihrem Herzen, indem sie Speise forderten für ihr Gelüste. Und sie redeten gegen Gott; sie sprachen: Sollte Gott imstande sein, uns in der Wüste einen Tisch zu bereiten? Siehe, den Felsen hat er zwar geschlagen, und Wasser flossen heraus, und Bäche strömten. Wird er aber auch Brot geben können, oder wird er seinem Volk Fleisch verschaffen? Darum, als der HERR es hörte, wurde er zornig, und Feuer entzündete sich gegen Jakob, und auch Zorn stieg auf gegen Israel, weil sie Gott nicht glaubten und nicht vertrauten auf seine Hilfe. Und doch hat er den Wolken oben geboten und die Türen des Himmels geöffnet. Und hat Manna auf sie regnen lassen, dass sie es äßen, und ihnen Himmelsgetreide gegeben. Ein jeder aß Brot der Starken. Speise sandte er ihnen bis zur Sättigung. Er ließ den Ostwind losbrechen am Himmel und trieb durch seine Stärke den Südwind herbei. Er ließ Fleisch auf sie regnen wie Staub und Vögel wie Sand der Meere, und ließ sie mitten in sein Lager fallen, rings um seine Wohnungen. Da aßen sie und wurden sehr satt, und was sie verlangten, brachte er ihnen.“ (Ps. 78,15-29)

Sie aber hatten ein verhärtetes, undankbares Herz, das die Wege Gottes nicht erkannte. Ihre Aufgabe wäre es gewesen, die Wunder Gottes weiterzuerzählen mit dem Ziel, dadurch ihren Glauben aufzubauen, ihr Vertrauen auf Gott zusetzten, seine Taten nicht zu vergessen und seine Gesetzte zu befolgen. Aber sie waren störrisch und widerspenstig. Ihr Herz war nicht fest und ihr Geist war nicht treu gegenüber Gott. Sie weigerten sich, Gott nachzufolgen und vergaßen seine Taten. Ihr Hauptproblem bestand darin, dass sie Gott nicht glaubten und nicht auf seine Hilfe vertrauten. (Ps. 78,7-8) Weil ihr Herz nicht fest Gott gegenüber war, brachen sie den Bund durch ihren Ungehorsam. „Denn ihr Herz war nicht fest ihm gegenüber, und sie blieben nicht treu an seinem Bund." (Ps. 78,34)

Die geistliche Speise der Israeliten waren das Manna und die Wachteln. Gott gab es dem Volk, damit sie erkennen, dass ER, der Herr, ihr Versorger ist! „Ich habe das Murren der Söhne Israel gehört. Rede zu ihnen und sprich: Zwischen den zwei Abenden werdet ihr Fleisch essen, und am Morgen werdet ihr von Brot satt werden! So werdet ihr erkennen, dass ich der HERR, euer Gott bin." (2. Mose 16,12) „Dies ist das Brot, das euch der HERR zur Nahrung gegeben hat." (V 15)

Obwohl alle die gleichen Vorraussetzungen hatten, hatte Gott an den meisten von ihnen kein Wohlgefallen und sie wurden in der Wüste hingestreckt. „Diese Dinge aber sind als Vorbilder für uns geschehen ..." Paulus warnt uns davor, die gleichen Fehler wie sie zu machen. Wir sollen aus ihren Fehlern lernen und unser ganzes Vertrauen auf Gott setzen. „Diese Dinge aber sind als Vorbilder für uns geschehen, damit wir nicht nach Bösem gierig sind, wie jene gierig waren" (damit wir nicht nach bösen Dingen Begehrende sind, wie jene begehrten). (1. Kor. 10,6) Paulus wiederholt im Vers 11 die Wichtigkeit, uns ein Beispiel an den Ereignissen zu nehmen und daraus zu lernen. Er weist uns zwei Mal darauf hin, was eine gewisse Dringlichkeit zeigt, uns das Verhalten des Volkes genau anzuschauen, daraus zu lernen und es anders zumachen. Es wurde nicht aufgeschrieben, um über die Israeliten zu urteilen oder uns zu erheben, es wurde aufgeschrieben, um uns zu warnen! „Alles dies aber widerfuhr jenen als Vorbild und ist geschrieben worden zur Ermahnung für uns ..." (V 11)

Paulus weist uns auf weitere bestimmte Ereignisse hin, die die Israeliten zu Fall gebracht haben und aus denen wir auch lernen sollen, es anders zu machen. Diese vier Begebenheiten im Zusammenhang mit dem Abendmahl sind: Das goldene Kalb, die Unzucht unter Pinhas, die bronzene Schlange und das ständige Murren der Söhne Israels. (1. Kor. 10,7-10)

Er sagt: „Darum, meine Geliebten ..." (V 14) Wenn Paulus sagt: „darum" – müssen wir uns fragen „warum?" – und uns die Ereignisse ganz genau anschauen. Das goldene Kalb und die Unzucht unter Pinhas sprechen über die Vereinigung mit Götzen/Dämonen durch das Essen von Opferfleisch. In beiden Fällen machte sich das Volk Eins mit dem Götzen durch das Essen des Opferfleisches und wurde dadurch Teilhaber der Dämonen und zu Dienern von Götzen. Im Umkehrschluss wird deutlich, dass wir im Abendmahl durch das Essen und Trinken von Brot und Wein an Jesus Anteil haben und uns Eins machen mit Gott Vater und zu Dienern Gottes werden.

Das dritte Beispiel, das Paulus mit dem Abendmahl in Verbindung bringt, ist die eherne Schlange, die für Glauben steht und auf den Unglauben der Söhne Israels hinweist.

Als vierte Ermahnung nennt er die ständige Undankbarkeit und Unzufriedenheit, das Murren der Söhne Israels.

DAS GOLDENE KALB (2. MOSE 32)

„Werdet auch nicht Götzendiener wie einige von ihnen! Wie geschrieben steht: ‚Das Volk setzte sich nieder, zu essen und zu trinken, und sie standen auf, zu spielen.'" (1. Kor. 10,7)

Als Mose auf dem Berg bei Gott war, verloren die Israeliten die Geduld und den Glauben, dass der Allmächtige Gott sie aus Ägypten heraus geführt hatte. Sie forderten einen Gott, der sichtbar vor ihnen herziehen sollte. Sie brachten Aaron ihren Schmuck und er fertigte für sie ein gegossenes Kalb. Dabei vergaßen sie Gott, der sie mit mächtiger Hand aus Ägypten geführt hatte. Sie bauten vor dem Kalb einen Altar und sagten: „Ein Fest für den Herrn ist morgen!" Sie setzten den Allmächtigen Gott mit den Göttern Ägyptens gleich. Sie vermischten den wahren Gott mit einem Götzen. Am anderen Tag brachten sie Brand- und Heilsopfer dar. Ein Brandopfer wurde immer vollständig verbrannt und symbolisiert völlige Hingabe an Gott. Man behielt nichts für sich, alles gehörte Gott.

In diesem Fall hier brachte das Brandopfer für den Götzen völlige Hingabe der Opfernden an den Götzen zum Ausdruck mit dem Versprechen, dass alles was man hat und wer man ist dieser Gottheit, dem Dämon gehört.

Beim Heilsopfer wurde immer ein Teil des Opfertieres verbrannt und ein Teil gegessen. Damit machte man sich völlig eins mit Gott, versprach, seine Gelübde zu halten und stand so völlig in Frieden mit Gott.

In diesem Fall hier wurde das Opfer aber nicht Gott, sondern einem Götzen gebracht und mit diesem durch das Essen des Opferfleisches eine Beziehung eingegangen und ein Gelübde geleistet. Das meint Paulus in doppelter Hinsicht, wenn er sagt:

„Seht auf das Israel nach dem Fleisch! Sind nicht die, welche die Schlachtopfer essen, in Gemeinschaft mit dem Altar? Was sage ich nun? Dass das einem Götzen Geopferte etwas sei? Oder dass ein Götzenbild etwas sei? Nein, sondern das, was sie opfern, sie den Dämonen opfern und nicht Gott. Ich will aber nicht, dass ihr Gemeinschaft habt mit den Dämonen." (V 18-20) Ein Schlachtopfer ist ein übergeordneter Begriff und meint kein spezielles Opfer, sondern Opfer im Allgemeinen.

Durch das Essen des Opferfleisches tritt der Opfernde in eine Beziehung zu dem Gott ein, für den das Opfer gebracht wird. Man liefert sich völlig aus und steht in Verbindung mit der Gottheit, für die das Opfer gebracht wird.

Wir haben hier drei Elemente, die miteinander vermischt werden.

1. Das Kalb, ein falscher Gott,
2. einen Altar für den Herrn und
3. ein Fest für den Herrn.

Auf den ersten Blick könnte man meinen, das geht doch, einen Altar für Gott und ein Fest für den HERRN. Aber was ist mit dem Kalb? Das Kalb steht für meine Vorstellung, wie Gott sein soll. Ich biege mir Gott hin wie ich denke, dass Er ist oder sein müsse. Und schon halten Demokratie, Humanismus, sexuelle Unmoral und jegliches Übel Einzug in die Gemeinde.

Das Kalb, der Altar und das Fest für den HERRN stehen für die Vermischung mit fremden Religionen. Heute sind wir schon soweit, dass Moslems und Christen zusammen Gottesdienst feiern. Ein Lobpreisopfer wird einem Götzen gebracht und man liefert sich „unbewusst" dem falschen Gott aus. Wenn man dann noch gemeinsam Abendmahl feiert, tritt man in Gemeinschaft mit den

Dämonen und Paulus sagt: „... sondern das, was sie opfern, sie den Dämonen opfern und nicht Gott. **Ich will aber nicht**, dass ihr Gemeinschaft habt mit den Dämonen. **Ihr könnt nicht** des Herrn Kelch trinken und der Dämonen Kelch; **ihr könnt nicht** am Tisch des Herrn teilnehmen und am Tisch der Dämonen." (V 20-21)

„Darum, meine Geliebten, **flieht den Götzendienst!** Ich rede als zu Verständigen. Beurteilt ihr, was ich sage." (V 14-15) Verstehen wir, was Paulus uns sagen will? Wir sollten die Verständigen sein! Wir sollten verstehen, was Paulus meint und das sollte uns umso vorsichtiger werden lassen, wo und mit wem wir Abendmahl feiern. „Flieht den Götzendienst!" (V 14) Kein Abendmahl mit Menschen, die Gott nicht völlig hingegeben sind, die Abstriche am Wort Gottes machen und Lehren verbreiten, die nicht mit der Schrift im Einklang sind. Hieran wird auch deutlich, wie wichtig es ist, das Wort Gottes zu kennen und sich vom Geist Gottes leiten zu lassen.

PINHAS

Das zweite Ereignis, das uns als Ermahnung dienen soll (1. Kor. 10,8), ist die Unzucht unter Pinhas. (4. Mose 25)

„Das Volk fing an Unzucht zu treiben mit den Töchtern Moabs; und diese luden das Volk zu den Opfern ihrer Götter ein, **und das Volk aß** und warf sich nieder vor ihren Göttern. Und Israel hängte sich an den Baal-Peor. Da entbrannte der Zorn des HERRN gegen Israel." (V 1-3)

Indem sie mit den Midianitern Unzucht trieben und an den Opfermahlzeiten für Baal-Peor teilnahmen, verließen sie Gott und machten sich eins mit einem Götzen. Baal-Peor war einer der männlichen Fruchtbarkeitsgottheiten Kanaans. Gottes Zorn entbrannte und Mose ließ alle Anführer hängen, die zum Götzendienst verführten. Ein Mann wagte es dennoch, vor den Augen Moses eine Midianiterin ins Lager zu bringen, worauf hin der Priester Pinhas ihnen nachging. „Und er ging dem israelitischen Mann nach in das Innere des Zeltes und durchbohrte die beiden, den israelitischen Mann und die Frau, durch ihren Unterleib. Da wurde die Plage von den Söhnen Israel zurückgehalten." (V 8)

Auch hier wird deutlich, dass die Männer der Israeliten durch die gemeinsame Opfermahlzeit einen Bund mit einem Götzen eingingen. Indem sie davon aßen, wurden sie eins mit Baal-Peor und beteten eine falsche Gottheit an. Das machte Gott so zornig, dass er vierundzwanzigtausend Männer hängen ließ. Erst als Pinhas voller Eifer den Mann und die Frau tötete, wurde der Zorn Gottes abgewandt. Pinhas erwirkte dadurch Sühnung für das Volk und wurde für seinen Eifer mit einem Bund, einem ewigen Priestertum belohnt.

„Der Priester Pinhas, der Sohn Eleasars, des Sohnes Aarons, des Priesters, hat meinen Zorn von den Söhnen Israel abgewendet, indem er in meinem Eifer mitten unter ihnen geeifert hat. So habe ich die Söhne Israel in meinem Eifer nicht vernichtet. Darum sprich: Siehe, ich gebe ihm meinen Bund des Friedens. Und ihm und seinen Nachkommen nach ihm wird ein Bund ewigen Priestertums zuteil werden, weil er für seinen Gott geeifert und für die Söhne Israel Sühnung erwirkt hat.“ (V 11)

Das ist das zweite Beispiel, mit dem Paulus uns ermahnt, es ihnen nicht gleich zu tun. Unzucht hat der Bibel zufolge zwei Auslegungen. Zum einen körperliche Unzucht wie sexuelle Unmoral und zum anderen geistliche Unzucht. Das ist z. B. der Fall, wenn man neben Gott noch andere Religionen (die ja falsche Götter verehren) ebenfalls verehrt oder sie als gleichberechtigt „stehen lässt“. Alles, was nicht mit Gott und seinen Geboten im Einklang steht, ist Finsternis und hat keinen Anteil an Gott und seinem Licht. Die Gemeinschaft mit Gott wird verlassen, wenn man nicht bereit ist, Seine Forderungen zu erfüllen. ER allein ist Gott und er teilt seine Ehre mit niemand! Das Volk lehnte sich gegen Gottes Bedingungen, nur Ihn zu verehren und nur Ihm ein Opfer zu bringen, auf und machte sich so der „geistlichen Unzucht“ schuldig. Deshalb sagt Paulus: „Auch lasst uns nicht Unzucht treiben, wie einige von ihnen Unzucht trieben, und es fielen an einem Tag dreiundzwanzigtausend.“ (1. Kor. 10,8)

Daran wird ebenfalls deutlich, dass wir nicht mit Menschen Abendmahl feiern dürfen, die Gott nicht uneingeschränkt hingegeben sind. Gott sieht über die Zeiten der Unwissenheit hinweg (Apg. 17,30), wir leben aber in Zeiten der Widerherstellung. Die

Bedeutung des Abendmahls ist ein Baustein, den Gott in unserer Zeit wiederherstellt und er möchte nicht, dass wir mit Dämonen Gemeinschaft haben. „Seht auf das Israel nach dem Fleisch! Sind nicht die, welche die Schlachtopfer essen, in Gemeinschaft mit dem Altar? Was sage ich nun? Dass das einem Götzen Geopferte etwas sei? Oder dass ein Götzenbild etwas sei? Nein, sondern das, was sie opfern, sie den Dämonen opfern und nicht Gott. Ich will aber nicht, dass ihr Gemeinschaft habt mit den Dämonen." (1. Kor. 10,18-20)

Beide Begebenheiten, das goldene Kalb und das Opferfest mit den Göttern Moabs, zeigen uns, dass man in Einheit mit Dämonen kommt, wenn man gemeinsam isst. Abendmahl mit fremden Religionen ist demnach ein absolutes Tabu.

DIE EHERNE SCHLANGE

Das dritte Ereignis, von dem wir lernen sollen, ist die Begebenheit mit der ehernen Schlange. (4. Mose 21)

Das Volk musste auf seiner Wüstenwanderung einen Bogen um das Land Edom machen. Dieser Umweg kostete Zeit und zusätzliche Mühe. Ungeduld machte sich unter ihnen breit und sie redeten gegen Gott und gegen Mose: „Wozu habt ihr uns aus Ägypten heraufgeführt? Damit wir in der Wüste sterben? Denn es ist kein Brot und kein Wasser da, und unserer Seele ekelt es vor dieser elenden Nahrung." (V 5)

Gott hatte sie immer wieder versorgt. Wachteln, Manna, genügend Wasser aus dem Felsen – alles, was sie benötigten, gab Gott zu jeder Zeit. Sie hatten alles, was sie zum Leben brauchten, waren aber trotzdem ständig unzufrieden und drückten durch ihr Murren ihren Unglauben aus. Sie waren unzufrieden, redeten gegen Gott und gegen Mose. Neid, Eifersucht und Streit breitete sich unter ihnen aus. „Da sandte der HERR feurige Schlangen unter das Volk, und sie bissen das Volk; und es starb viel Volk aus Israel." (V 6) Sie erkannten ihre Sünde und baten Mose, die Plage abzuwenden, worauf Gott sagte: „Mache dir eine Schlange und tu sie auf eine Stange! Und es wird geschehen, jeder, der gebissen ist und sie ansieht, der wird am Leben bleiben. Und Mose machte eine Schlange von Bronze und tat sie auf die Stange; und es geschah, wenn eine Schlange jemanden gebissen hatte und er schaute auf zu der ehernen Schlange, so blieb er am Leben." (V 8-9)

Hier finden wir eine wunderbare Parallele zu Jesus Christus, der im Gespräch mit Nikodemus sagte: „Und wie Mose in der Wüste die Schlange erhöhte, so muss der Sohn des Menschen erhöht werden, damit jeder, der an ihn glaubt, ewiges Leben habe." (Joh. 3,14) Jesus Christus, der Sohn Gottes, wurde erhöht, weil er sich erniedrigte, Knechtsgestalt annahm und gehorsam bis zum Tod wurde. Den Blick auf Jesus zu richten bedeutet zu Leben! Jeder, der auf Jesus schaut und den Blick auf das Kreuz nicht verliert, wird die Segnungen finden, mit denen wir gesegnet wurden – so wie jeder Israelit, der von einer Schlange gebissen wurde und auf das erhöhte Zeichen sah, dadurch Vergebung und Heilung empfing. Wenn wir den Blick auf das Kreuz verlieren, werden wir gesetzlich. Unser alter Mensch starb und damit alle Gesetzlichkeit. Gesetzlichkeit bringt uns in Knechtschaft und unter Fluch. Wo Gesetzlichkeit regiert, ist Glaube überflüssig, weil man sich auf seine eigenen Fähigkeiten und Anstrengungen verlässt. Wer die Gnade Gottes erkannt und erlebt hat und zurück geht, um sich auf seine eigenen Pläne und Organisationen zu verlassen, dessen Herz ist nicht fest, weicht vom Herrn und steht im krassen Widerspruch zum Kreuz, denn am Kreuz wurde u. a. Gesetzlichkeit, Unzufriedenheit, Ungeduld und Unglaube besiegt.

„Da wir dies erkennen, dass unser alter Mensch mitgekreuzigt worden ist, damit der Leib der Sünde abgetan sei, dass wir der Sünde nicht mehr dienen ... So auch ihr: Haltet euch der Sünde für tot, Gott aber lebend in Christus Jesus." (Röm. 6,6+11) Der alte Mensch, unser fleischliches Ego, wurde am Kreuz hingerichtet. Wir halten uns für tot und kreuzigen unser Fleisch, indem wir NEIN sagen zu dem: ich meine, ich fühle, ich will, ich hab recht.

Indem das Volk seinen fleischlichen Lüsten freien Lauf ließ, versuchte es Gott, forderte ihn heraus und lehnte es ab, seinem Wort zu glauben, bevor er seine Macht gezeigt hatte. Diese Haltung kann man mit Stolz beschreiben, besser zu wissen wie etwas geht und was richtig ist, anstatt Gott zu vertrauen.

Das Hauptproblem der Söhne Israels bestand darin, dass sie meinten es besser zu wissen als Gott, Ihm nicht glaubten und nicht auf seine Hilfe vertrauten. So brachen sie den Bund durch ihren Ungehorsam. „Denn ihr Herz war nicht fest ihm gegenüber, und sie blieben nicht treu an seinem Bund." (Ps. 78,34)

Zusammenfassend bedeutet dies „Gott zu versuchen", denn Paulus sagt: „Lasst uns auch den Christus nicht versuchen, wie einige von ihnen ihn versuchten und von den Schlangen umgebracht wurden." (1. Kor. 10,9)

Das Volk forderte Gott immer wieder heraus und stellte Ihn auf die Probe, indem es Ihm nicht vertraute. Und genau davor warnt Paulus uns. Wir müssen Gott und seinem Wort uneingeschränkt Glauben schenken. Jesus Christus ist das geschriebene Wort Gottes und niemand liebt Jesus mehr, als er Sein Wort liebt. Das ist ein gutes Prüfkriterium. Man kann ganz leicht sagen: Ich liebe Jesus! Aber die Liebe zu Jesus macht sich daran fest, wie viel Zeit ich in „Jesus – das lebendige Wort", meine Bibel, investiere.

UNDANKBARKEIT DURCH MURREN

Die vierte Begebenheit, mit der Paulus uns in Bezug auf das Abendmahl ermahnt, ist die ständige Unzufriedenheit des Volkes. Ständig erhoben sie ihre Stimme gegen Mose und damit gegen Gott. Es gibt unzählige Schriftstellen über das Murren der Söhne Israels. „Murrt auch nicht, wie einige von ihnen murrten und von dem Verderber umgebracht wurden!" (1. Kor. 10,10)

Durch seine Unzufriedenheit war das Volk nicht in der Lage, das verheißene Land einzunehmen. Ich möchte hier nur auf ein Beispiel eingehen, nämlich die Kundschafter Josua und Kaleb aus 2. Mose 14.

Mose sandte Männer aus, um die Beschaffenheit des verheißenen Landes zu erkunden. Sie sollten herausfinden, ob gute oder schlechte Lebensbedingungen vorherrschten, ob das Volk zahlreich oder gering war, ob das Land fett oder mager war und ob das Volk in Festungen oder in Lagern wohnte. Er schickte sie mit den Worten:„Und seid mutig!" auf den Weg.

Das hebräische Wort für mutig bedeutet ergreifen, festhalten und stark sein. Es steht immer in Verbindung mit einer Verheißung Gottes und bezieht sich auf Gottes uneingeschränkte Treue. Mose erinnert die Kundschafter mit den Worten „Und seid mutig!"

daran, dass sie von Gott das Land verheißen, geschenkt bekommen haben und dass Gott immer treu ist und seine Verheißung erfüllt. Die Kundschafter zogen los, kamen nach vierzig Tagen mit Weintrauben, Granatäpfeln und Feigen zurück und brachten durch ihren Bericht ein böses Gerücht über das Land auf, das sie ausgekundschaftet hatten, indem sie sagten: „Das Land, das wir durchzogen haben, um es zu erkunden, ist ein Land, das seine Bewohner frisst; und alles Volk, das wir darin gesehen haben, sind Leute von hohem Wuchs; auch haben wir dort die Riesen gesehen, die Söhne Enaks von den Riesen; und wir waren in unseren Augen wie Heuschrecken, und so waren wir auch in ihren Augen." (V 32-33) Sie trauten sich selbst nichts zu, sie hatten keine Identität in Gott. Ihr Herz war verschlossen und sie schauten nur auf sich selbst und darauf, was sie durch ihre eigene Kraft hervorbringen könnten.

Josua und Kaleb versuchten darauf hin, dem Volk Mut zu machen. „... und sagten zu der ganzen Gemeinde der Söhne Israel: Das Land, das wir durchzogen haben, um es auszukundschaften, das Land ist sehr, sehr gut. Wenn der HERR Gefallen an uns hat, so wird er uns in dieses Land bringen und es uns geben, ein Land, das von Milch und Honig überfließt. Nur empört euch nicht gegen den HERRN! Und fürchtet doch nicht das Volk des Landes, denn unser Brot werden sie sein! Ihr Schutz ist von ihnen gewichen, und der HERR ist mit uns. Fürchtet sie nicht! Und die ganze Gemeinde sagte, dass man sie steinigen solle." Alle die Männer, die schlecht über das Verheißene Land geredet hatten und der Verheißung Gottes keinen Glauben schenkten, lernten das Land nie kennen und starben durch die Hand des Herrn. (V 37)

Welche Parallele gibt es hier zu uns, der Gemeinde Jesu? Was meinte Paulus, als er sagte: „Murrt auch nicht, wie einige von ihnen murrten und von dem Verderber umgebracht wurden! Alles dies aber widerfuhr jenen als Vorbild und ist geschrieben worden zur Ermahnung für uns, über die das Ende der Zeitalter gekommen ist." (1. Kor. 10,10-11)

Das Land, das die Israeliten einnehmen sollten, war das „verheißene Land", ihr geographisches Erbe. Die Gemeinde Jesu hat auch ein Land einzunehmen, das „Land der Verheißungen!" Das Land der Verheißungen ist unsere Identität in Jesus Christus. Das Wort vom Kreuz, die Liebe Gottes die im Opferblut des Lammes vollendet ist. Unser Land der Verheißung ist ein Geschenk, ohne eigenes Zutun, ohne Verdienst, das Geschenk der Rechtfertigung durch Glauben! Und das ist manchmal gar nicht so leicht anzunehmen. Wir haben so viel Wissen im Kopf, aber Glaube ist im Herzen angesiedelt und das Wort muss in unser Herz fallen. Bis es dahin gelangt, kann es ein langer Weg sein, ein Kampf, der in unseren Gedanken stattfindet.

Paulus könnte auch zu uns sagen: Hört auf, euch zu beschweren, seid zufrieden, lehnt euch nicht auf, aber nehmt euer Land ein! Habt keine Angst! Seid mutig! Denkt an eure Verheißung! Der Herr ist mit uns! Egal wie die Umstände auch sind – wir fürchten sie nicht! Wir sind nicht unter den Umständen – wir herrschen über den Situationen!

Ein wesentlicher Punkt beim Abendmahl ist unser Glaube. Unzufriedenheit, Undankbarkeit und Glaube können nicht nebeneinander wachsen. Wir müssen glauben, was uns das Blut Jesu bereitgestellt hat und dürfen unseren Blick nicht von Jesus Christus wenden. „Ohne Glauben aber ist es unmöglich, ihm wohl zu gefallen; denn wer Gott naht, muss glauben, dass er ist und denen, die ihn suchen, ein Belohner sein wird." (Hebr. 11,6) „Doch wird wohl der Sohn des Menschen, wenn er kommt, den Glauben finden auf der Erde?" (Lk. 18,8)

Wer glaubt zu glauben, dabei aber murrt und unzufrieden ist, täuscht sich selbst, denn Unzufriedenheit und Undankbarkeit sind Wurzeln des Unglaubens.

Das sind die Werke des Fleisches, die uns wieder unter die Knechtschaft der Gesetzlichkeit bringen. Indem sich das Volk gegen Mose und Aaron auflehnte, lehnte es die von Gott eingesetzte Leiterschaft ab und kam dadurch unter den Zorn Gottes. Durch dieses Verhalten lehnte es sich direkt gegen Gott auf.

Denselben Zustand finden wir heute in vielen Gemeinden. Wenn Gerede, Streit, Parteiungen, Klatsch und Tratsch in unserer Gemeinde vorherrschen, trinken wir uns das Abendmahl zum Gericht, denn beim Abendmahl bestätigen wir auch unsere Bündnisverpflichtung gegenüber unseren Glaubensgeschwistern. Wir stehen in Gemeinschaft zueinander, wir sind der Leib Jesu und unsere Beziehungen sollten von Einheit geprägt sein, denn in Jesus sind wir Eins, ein Leib! „Ich rede als zu Verständigen. Beurteilt ihr, was ich sage! Der Kelch der Segnung, den wir segnen, **ist** er nicht **die Gemeinschaft des Blutes** des Christus? Das Brot, das wir brechen, **ist** es nicht **die Gemeinschaft des Leibes** des Christus? **Denn ein Brot, ein Leib sind wir, die vielen, denn wir alle nehmen teil an dem einen Brot.**“ (1. Kor. 10,14-17)

Im Glauben aufnehmen

Das Abendmahl wird oft mit dem Passahfest der Israeliten gleich gesetzt. Jesus feierte das Abendmahl am Vorabend des Passahfestes, ersetzte dieses aber nicht. Das Abendmahl ist die Bekräftigung und Feier des Neuen Bundes, indem wir uns den Segen zu Eigen machen, der im Abendmahl liegt. Wir nehmen Leben Gottes in uns auf.

„Trinkt alle daraus! Das ist das Blut des Bundes!“

Das Blut muss angewandt werden! Es reicht nicht aus zu wissen, dass das Abendmahl der Neue Bund ist. Die Segnungen, die uns im Neuen Bund geschenkt werden, machen wir uns zu Eigen, wenn wir das Blut Jesu trinken und das Fleisch Jesu essen. Wir haben Anteil an Seiner Nährkraft und nehmen seinen Segen durch Glauben in uns auf. Es reicht nicht aus, im Gebet das Blut Jesu in Anspruch zu nehmen. Das Blut des Lammes beim Auszug aus Ägypten musste praktisch angewandt werden. Es musste aus der Auffangschale heraus genommen und an die Tür gestrichen werden. Unsere praktische Anwendung des Blutes Jesu ist das Abendmahl.

Wie das Blut des Passahlammes in der Nacht vor dem Auszug aus Ägypten die Rettung Israels erwirkte, so rettet das Blut des Neuen Bundes die Gemeinde. „Durch Glauben hat er (Mose) das Passah gefeiert und die Blutbestreichung ausgeführt, damit der Verderber der Erstgeburt sie nicht antastete.“ (Hebr. 11,28) Der Schreiber des Hebräerbriefes verweist uns hier auf den Auszug der Israeliten aus Ägypten aus 2. Mose 12.

Gott sandte Mose, um das Volk aus der Gefangenschaft zu führen. Gott erwies seine Macht und Stärke an Hand der zehn Plagen. Die letzte Plage, die Tötung aller Erstgeburt, war der Höhepunkt. Nur wer Gottes Anweisungen Folge leistete, wurde verschont. Hier war vollkommener Gehorsam notwendig.

Jede Familie musste am zehnten des Monats ein männliches, fehlerloses, einjähriges Lamm nehmen und bis zum vierzehnten Tag aufbewahren. Danach wurde es geschlachtet und das Blut an die Oberschwelle und die beiden Türpfosten gestrichen. Das Fleisch des Opfers musste noch in derselben Nacht gebraten und gegessen werden, nichts durfte davon übrig gelassen werden. Alle Reste mussten mit Feuer verbrannt werden. „Und ihr dürft nichts davon bis zum Morgen übriglassen! Was aber davon bis zum Morgen übrigbleibt, sollt ihr mit Feuer verbrennen." (V 10) Der Opfernde aß mit seiner Familie das Opfer und hatte so Anspruch auf den daraus resultierenden Segen, je nach dem zu welchem Zweck das Opfer gebracht wurde. Indem sie das Passahlamm aßen und allen Anweisungen Gottes gehorsam waren, stellten sie sich so unter den Segen und den Schutz Gottes und hatten Anteil an dem schützenden Blut des Lammes. Gehorsam, Glaube und Ausführung stehen im unmittelbaren Zusammenhang.

„Und ich werde in dieser Nacht durch das Land Ägypten gehen und alle Erstgeburt im Land Ägypten erschlagen vom Menschen bis zum Vieh. Auch an allen Göttern Ägyptens werde ich ein Strafgericht vollstrecken, ich, der HERR. **Aber das Blut soll für euch zum Zeichen** an den Häusern **werden,** in denen ihr seid. Und wenn ich das Blut sehe, dann werde ich an euch vorübergehen: so wird keine Plage, die Verderben bringt, unter euch sein, wenn ich das Land Ägypten schlage." (2. Mo. 12,12-13)

Der Todesengel kam in dieser Nacht und dort wo er das Blut an den Türen sah, ging er vorüber. Der Tod hatte keine Macht über die Familien, deren Häuser mit dem Blut des Lammes bestrichen waren. Wir sehen, dass das Blut des Lammes angewandt werden musste. Das Blut alleine in der Auffangschale hatte keinen Nutzen. Sie mussten das Blut anwenden! Sie mussten ein Büschel Ysop nehmen, es in das Blut tauchen und sichtbar durch die Tat des Glaubens an ihren Häusern anbringen. „Durch Glauben hat er

(Mose) das Passah gefeiert und die Blutbestreichung ausgeführt, damit der Verderber der Erstgeburt sie nicht antastete." (Hebr. 11,28) *Wir wenden das Blut Jesu praktisch an indem wir Abendmahl feiern!*

Proklamation und Bekräftigung

Das Abendmahl ist eine lebendige Quelle der Kraft in Erinnerung und Proklamation an den Sieg Jesu durch sein Opfer. Wir proklamieren und bekräftigen:

VERKÜNDIGEN UNSEREN AUSZUG AUS SÜNDE UND TOD

Wenn wir gemeinsam Abendmahl feiern, verkünden wir den Sieg unseres Herrn Jesus, bis er kommt. Und ER wird wieder kommen! Wir feiern unseren Auszug aus der Sünde, aus dem Sklavenhaus Ägyptens, unsere Befreiung vom Tod! Wir verkünden, dass Jesus lebt und wir mit IHM! Der Tod Jesu ist unsere Daseinsberechtigung! Und das sollte uns mit Freude erfüllen.

ZUM GEDÄCHTNIS

Beim Abendmahl erinnern wir uns an das, was uns durch Jesus alles geschenkt wurde. Wir schauen mit Freude auf den Segen und das Ziel, dass wir nun durch Jesus mit Gott Vater vereint sind. Und das sollte uns in Jubel ausbrechen lassen.

„Und er nahm Brot, dankte, brach und gab es ihnen und sprach: Dies ist mein Leib, der für euch gegeben wird. *Dies tut zu meinem Gedächtnis.*" (Lk. 22,19)

UNSERE BEFREIUNG UND VERGEBUNG DER SÜNDEN

„Denn dies ist mein Blut des Bundes, das für viele vergossen wird *zur Vergebung der Sünden.*" (Matth. 26,28)

IN FREUDIGER UND SEHNSUCHTSVOLLER ERWARTUNG AUF DIE WIEDERKUNFT JESU

„Ich sage euch aber, dass ich von nun an nicht mehr von diesem Gewächs des Weinstocks trinken werde bis zu jenem Tag, *da ich es neu mit euch trinken werde* in dem Reich meines Vaters.“ (Matth. 26,29)

Freude sollte beim Abendmahl nicht fehlen, denn Jesus kommt wieder. Er kommt zu denen zurück, die ihn sehnsüchtig erwarten.

UNSER BUND MIT GOTT

„Dieser Kelch ist *der neue Bund in meinem Blut,* dies tut, sooft ihr trinkt, zu meinem Gedächtnis! (1. Kor. 11,25)

Trinkt alle daraus! Alle zusammen aus einem Kelch zu trinken bedeutet, miteinander in Gemeinschaft zu stehen und sich gegenseitig zu verpflichten.

WIR NEHMEN JESUS SELBST, SEIN GÖTTLICHES LEBEN IN UNS AUF

„Wer mein Fleisch isst und mein Blut trinkt, **hat ewiges Leben,** und **ich werde ihn auferwecken am letzten Tag;** denn mein Fleisch ist wahre Speise, und mein Blut ist wahrer Trank. Wer mein Fleisch isst und mein Blut trinkt, **bleibt in mir und ich in ihm.** Wie der lebendige Vater mich gesandt hat, und ich lebe um des Vaters willen, so auch, wer mich isst, **der wird auch leben um meinetwillen.** Dies ist das Brot, das aus dem Himmel herabgekommen ist. Nicht wie die Väter aßen und starben; wer dieses Brot isst, **wird leben in Ewigkeit.**“ (Joh. 6,54-58)

Wir trinken das kostbare Blut Jesu und essen sein Fleisch. Wenn wir das Abendmahl im Glauben nehmen und für wahr halten, was Jesus in Seinem Wort gesagt hat, wird es genau zu dem, was Er gesagt hat:

- Ewiges Leben
- Auferstehungsleben
- ich bleibe in Jesus und Er in mir

WIR VERKÜNDIGEN JESU TOD, SEINEN SIEG AM KREUZ, SEINE AUFERSTEHUNG UND SEINE WIEDERKUNFT

Denn sooft ihr dieses Brot esst und den Kelch trinkt, *verkündigt ihr den Tod des Herrn, bis er kommt.*“ (1. Kor. 11,26)

Wem verkündigen wir den Sieg Jesu? Wir verkündigen ihn in der unsichtbaren Welt und erinnern uns selbst daran! Wir proklamieren und triumphieren im Sieg Jesu! „Damit jetzt den Gewalten und Mächten in der Himmelswelt durch die Gemeinde die mannigfaltige Weisheit Gottes zu erkennen gegeben werde, nach dem ewigen Vorsatz, den er verwirklicht hat in Christus Jesus unserem Herrn. In ihm haben wir Freimütigkeit und Zugang in Zuversicht durch den Glauben an ihn." (Eph. 3,10-12) Was verkündigen wir? Wir verkünden durch das Abendmahl, was Sein kostbares Blut für uns getan hat und freuen uns auf Seine Wiederkunft. Sein Blut hat Leben in sich, es ist das Leben Gottes. Es ist kostbar, es heiligt, versöhnt, verändert, befreit, überwindet, schenkt ewiges Leben, erlöst, macht uns eins mit Gott und untereinander. Es ist das Wort vom Kreuz!

Durch das Blut Jesu hat Gott Vater uns seine Gemeinde gegründet, erkauft, erbaut und erworben.

„Habt acht auf euch selbst und auf die ganze Herde, in welcher der Heilige Geist euch als Aufseher eingesetzt hat, die Gemeinde Gottes zu hüten, die er sich erworben hat durch das Blut seines eigenen Sohnes." (Apg. 20,28)

Die Gemeinde Jesu, seine Braut, wurde losgekauft mit dem kostbaren Blut Jesu.

Das Blut Jesu

Ohne das Blut Jesu gibt es keinen Zugang in die Gegenwart Gottes. Das Blut Jesu ist das Leben Jesu selbst. Es ist das kostbarste, was es überhaupt gibt. Es ist göttliches Leben.

„Denn die Seele (d. h. das Leben der Person, die Person selbst) des Fleisches ist im Blut, und ich selbst habe es euch auf den Altar (zum Gebrauch) gegeben, Sühnung für eure Seelen zu erwirken. Denn das Blut ist es, das Sühnung tut durch die Seele (Kraft des in ihm innewohnenden Lebens) in ihm." (3. Mose 17,11)

„Und fast alle Dinge werden mit Blut gereinigt nach dem Gesetz, und ohne Blutvergießen gibt es keine Vergebung." (Hebr. 9,22)

Im Alten wie im Neuen Bund bekam/bekommt man nur Sühnung und Zugang zu Gott durch das Blut. Im Alten Bund war es das Blut von Stieren und Böcken, das Blut der Besprengung, welches aber keine Kraft hatte, Schuld für immer wegzunehmen. Im Neuen Bund ist es das kostbare Blut Jesu, welches Kraft in sich selbst hat und Sühnung für immer erwirkt hat.

„Da wir nun, Brüder, **durch das Blut Jesu Freimütigkeit haben zum Eintritt in das Heiligtum** den er uns eröffnet hat als einen neuen und lebendigen Weg durch den Vorhang – das ist durch sein Fleisch – und einen großen Priester über das Haus Gottes, so lasst uns hinzutreten mit 1.) wahrhaftigem Herzen 2.) in voller Gewissheit des Glaubens, 3.) die Herzen besprengt und damit gereinigt vom bösen Gewissen und 4.) den Leib gewaschen mit reinem Wasser. (Hebr. 10,19-22)

Die Priester im Alten Bund durften nur mit Blut und Räucherwerk das Heiligtum betreten. (3. Mose 17,6) Wir haben kein Recht, in die Gegenwart Gottes zu kommen ohne den Wohlgeruch der Anbetung und ohne das Blut. Wir kommen im Glauben, dass das Blut Jesu uns frei gesprochen und gerecht gemacht hat und treten in völliger Freimütigkeit, ohne Verdammnisgedanken und ohne Schuldgefühle vor den Thron der Gnade.

Wir haben Freimütigkeit durch das Blut Jesu! Freimütigkeit bedeutet: Mut, Zuversicht, Freiheit, ohne Furcht oder Zögern, zu glauben ohne zu zweifeln, dass all unsere Schuld weggenommen ist.

Satans Hauptwaffe ist Anklage und wenn er es schafft, uns Schuldgefühle und Verdammnisgedanken einzureden, verpassen wir die Freiheit, die uns das Blut Jesu zur Verfügung stellt. „Mit wahrhaftigen Herzen“ meint echt zu sein und nicht nur zu hoffen, sondern wirklich zu glauben, dass uns vollkommene Rechtfertigung zu Teil wurde, denn wir haben das Geschenk, „die Gabe der Gerechtigkeit“, bekommen.

„... so werden viel mehr die, welche den Überfluss der Gnade und *der Gabe der Gerechtigkeit* empfangen, im Leben herrschen durch den einen, Jesus Christus ... Gerechtigkeit für alle Menschen *zur Rechtfertigung des Lebens* ... so werden auch durch den Gehorsam des einen *die vielen in die Stellung von Gerechten versetzt werden.* (Röm. 5,11-19)

Durch das Blut Jesu wurde uns Gnade im Überfluss und die Gabe der Gerechtigkeit geschenkt. Wir sind frei gesprochen, gerecht gemacht, ohne Schuld, so als ob wir nie gesündigt hätten. Ein wahrhaftiges Herz ist davon vollkommen überzeugt „in voller Gewissheit des Glaubens." Gott hat uns den Mantel der Gerechtigkeit umgelegt. „Freuen, ja freuen will ich mich in dem Herrn! Jubeln soll meine Seele in meinem Gott! Denn er hat mich bekleidet mit Kleidern des Heils, den Mantel der Gerechtigkeit mir umgetan." (Jes. 61,10a)

In seinen Augen sind wir ohne Schuld, weil das Blut des Lammes alle Schuld der Vergangenheit, der Gegenwart und der Zukunft gesühnt hat. Der Mantel der Gerechtigkeit, den Gott uns umlegt, ist das Geschenk der Rechtfertigung aus Glauben. „Ihn (Jesus) hat Gott hingestellt als einen Sühneort durch den Glauben an sein Blut zum Erweis seiner Gerechtigkeit." (Röm. 3,25a)

Trotz alledem sündigen wir. Unser alter Mensch, unser altes Ich gewinnt ab und zu die Oberhand. Deshalb müssen unsere Herzen fortwährend durch das Blut gereinigt werden. „Die Herzen besprengt und damit gereinigt vom bösen Gewissen." Dies ist ein fortdauernder Prozess. „Wenn wir aber im Licht wandeln, wie er im Licht ist, haben wir Gemeinschaft miteinander, und das Blut Jesu, seines Sohnes, reinigt uns von jeder Sünde. Wenn wir unsere Sünden bekennen, ist er treu und gerecht, dass er uns die Sünden vergibt und uns reinigt von jeder Ungerechtigkeit." (1. Joh. 1,7-8)

Vollkommene Sühnung durch Buße und Vergebung. Vollkommene Reinigung, die uns wieder in Gemeinschaft mit Gott bringt. Ein schlechtes oder böses Gewissen, wie es die Bibel nennt, ist immer mit Mühsal und Schmerz verbunden – und das hindert uns, die Absichten Gottes auszuführen. Es gibt keine Sünde, keine Schuld, keinen Gedanken, den Gott nicht sowieso kennen würde. Es ist an uns, umzukehren und uns dem Licht auszusetzen, damit das Blut unsere Herzen fortwährend reinigt und wir zu Männern und Frauen werden, die zur Ehre Gottes leben.

DAS BLUT JESU IST DAS WORT VOM KREUZ – GOTTES KRAFT

„Denn das Wort vom Kreuz ist denen, die verlorengehen, Torheit; uns aber, die wir errettet werden, ist es Gottes Kraft." (1. Kor. 1,18)

Das „Wort vom Kreuz" ist die unerklärliche Liebe Gottes – das Blut Jesu! Alles, was uns Gott durch das Kreuz bereitgestellt hat, wird uns durch das kostbare Blut Jesu geschenkt. Durch Glauben machen wir uns den Segen der Verheißungen zu Eigen. Die Israeliten mussten das Blut anwenden. Es hatte keinen Nutzen, solang es in der Auffangschale war. Sie wandten es an, indem sie ihre Türpfosten damit bestrichen.

Wir wenden das Blut Jesu praktisch an, indem wir es im Glauben beim Abendmahl trinken und indem wir Zeugnis geben, was das Blut Jesu für uns getan hat. „Und sie (wir) haben ihn (Satan) überwunden *wegen des Blutes des Lammes* **und** *wegen des Wortes ihres Zeugnisses,* und sie haben ihr Leben nicht geliebt bis zum Tod." (Offb. 12,11)

„Denn sooft ihr dieses Brot esst und den Kelch trinkt, verkündigt ihr den Tod des Herrn, bis er kommt!" (1. Kor. 11,26)

Wir verkündigen das Wort vom Kreuz, Jesu Sieg durch seinen Tod, das, was uns das Blut Jesu bereitgestellt hat. „Bis er kommt" setzt dem Abendmahl eine zeitliche Grenze. Mit dem Wiederkommen Jesu findet das Abendmahl seinen Höhepunkt beim Hochzeitsmahl des Lammes. Jede Feier des Abendmahls richtet unseren Blick auf das große Freudenmahl, wenn wir mit Jesus vereint sind. Brot und Wein sind die sichtbaren Zeichen unserer Errettung. So gewiss wie wir das Brot brechen, so gewiss ließ Jesus sich für uns hinrichten. So gewiss wie wir den Wein trinken, so gewiss floss sein Blut für uns.

DAS BLUT JESU BRINGT UNS AN DAS LIEBENDE VATERHERZ GOTTES

„Jetzt aber, in Christus Jesus, seid ihr, die ihr einst fern wart, durch das Blut des Christus nahe geworden." (Eph. 2,13)

DAS BLUT JESU REINIGT UNS VON SÜNDE

„Das ist mein Blut, das Blut des Bundes, das für viele vergossenwird zur Vergebung der Sünden." (Matth. 26,28) Vergebung geschieht nur auf der Grundlage eines Opfers. Wir bekennen unsere Sünden und nehmen die uns zugesprochene Vergebung in Anspruch, die im Abendmahl besiegelt wird.

DAS BLUT JESU REINIGT, VERBINDET, RECHTFERTIGT UND BRINGT UNS IN GEMEINSCHAFT MIT GOTT VATER

„Wenn wir aber im Licht wandeln, wie er im Licht ist, haben wir Gemeinschaft miteinander, und das Blut Jesu, seines Sohnes, reinigt uns von jeder Sünde. Wenn wir unsere Sünden bekennen, ist er treu und gerecht, dass er uns die Sünden vergibt und uns reinigt von jeder Ungerechtigkeit.“ (1. Joh 1,7-8)

Reinigung von aller Ungerechtigkeit bedeutet, so zu sein, als ob ich nie gesündigt hätte. Vollkommen gerecht gemacht, ohne Schuld, frei gesprochen. Nicht schuldig!

DAS BLUT JESU WÄSCHT UNS REIN, HEILIGT UND RECHTFERTIGT

„... aber ihr seid abgewaschen, aber ihr seid geheiligt, aber ihr seid gerechtfertigt worden durch den Namen des Herrn Jesus Christus und durch den Geist unseres Gottes.“ (1. Kor. 6,11)

DAS BLUT JESU HEILIGT

„Darum hat auch Jesus, um das Volk durch sein eigenes Blut zu heiligen, außerhalb des Tores gelitten.“ (Hebr. 13,12)

Das Blut Jesu heiligt uns jetzt und immer fortwährend. Jeder, der aus dem Kelch trinkt, hat Anteil an dem kostbaren Blut Jesu und wird durch sein Blut geheiligt.

DAS BLUT JESU IST GNADE, ES ERLÖST, BEFREIT VON SCHULD UND VERGIBT

„In ihm haben wir die Erlösung durch sein Blut, die Vergebung der Vergehungen, nach dem Reichtum seiner Gnade.“ (Eph. 1,7)

„Dem, der uns liebt und uns von unseren Sünden erlöst hat durch sein Blut.“ (Offb. 1,9)

Befreiung von Schuld bedeutet, ohne Schuld zu sein. Ohne Schuld heißt, dass wir gerecht sind und da ist kein Platz für Schuldgefühle, Anklage und Verdammnisgedanken.

DAS BLUT JESU ERWIRKTE EINE EWIGE ERLÖSUNG

Wer in einer Bündnisbeziehung mit Gott lebt, dem wird ewige Erlösung zugesichert. Jeder Gedanke wie: bin ich errettet, kann Gott mir vergeben, gehöre ich wirklich zu Gott, vielleicht komme ich in den Himmel – sind anklagende Gedanken Satans. Satan ist der Verkläger der Brüder (Offb. 12,10) und er versucht mit Verdammnisgedanken und Anklage uns von unserem himmlischen Vater und von unserem geistlichen Erbe hier und jetzt fern zu halten. Jesus hat uns eine ewige Erlösung erworben, die von jetzt in die Ewigkeit hineinreicht.

„Christus aber ist gekommen als Hoherpriester der zukünftigen Güter und ist durch das größere und vollkommenere Zelt – das nicht mit Händen gemacht, das heißt, nicht von dieser Schöpfung ist und nicht mit Blut von Böcken und Kälbern, sondern mit seinem eigenen Blut ein für allemal in das Heiligtum hineingegangen und hat uns eine ewige Erlösung erworben." (Hebr. 9,11-12)

DAS BLUT JESU RECHTFERTIGT UNS UND RETTET VOR ZORN

„Vielmehr nun, da wir jetzt durch sein Blut gerechtfertigt sind, werden wir durch ihn vom Zorn gerettet werden." (Röm. 5,9)

DAS BLUT JESU IST KOSTBAR

„Denn ihr wisst, dass ihr nicht mit vergänglichen Dingen, mit Silber oder Gold, erlöst worden seid von eurem eitlen, von den Vätern überlieferten Wandel, sondern mit dem kostbaren Blut Christi als eines Lammes ohne Fehler und ohne Flecken." (1. Petr. 1,18-19)

DAS BLUT JESU IST DER EWIGE BUND

„Der Gott des Friedens aber, der den großen Hirten der Schafe aus den Toten heraufgeführt hat durch das Blut eines ewigen Bundes, unseren Herrn Jesus, vollende euch in allem Guten, damit ihr seinen Willen tut, indem ER in uns schafft, was vor ihm wohlgefällig ist, durch Jesus Christus ..." (Hebr. 13,20)

DAS BLUT JESU IST UNSER EWIGES ERBE DURCH DEN HEILIGEN GEIST

„Wie viel mehr wird das Blut des Christus, der sich selbst durch den ewigen Geist als Opfer ohne Fehler Gott dargebracht hat, euer Gewissen reinigen von toten Werken, damit ihr dem lebendigen Gott dient." (Hebr. 9,14)

DAS BLUT JESU REINIGT UND HEILIGT UNSER GEWISSEN VON TOTEN WERKEN

„Denn wenn das Blut von Böcken und Stieren und die Asche einer jungen Kuh, auf die Unreinen gesprengt, zur Reinheit des Fleisches heiligt, wie viel mehr wird das Blut des Christus, der sich selbst durch den ewigen Geist als Opfer ohne Fehler Gott dargebracht hat, euer Gewissen reinigen von toten Werken, damit ihr dem lebendigen Gott dient." (Hebr. 9,13)

„Wieviel mehr wird das Blut des Christus, der sich selbst durch den ewigen Geist als Opfer ohne Fehler Gott dargebracht hat, euer Gewissen reinigen von toten Werken, damit ihr dem lebendigen Gott dient." (Hebr. 9,14)

DAS BLUT JESU BEWIRKT EINHEIT

„Wer mein Fleisch isst und mein Blut trinkt, bleibt in mir und ich in ihm." (Joh. 6,56)

IM BLUT JESU IST DAS LEBEN JESU SELBST

Wir nehmen Gottes Leben heute, hier und jetzt, in uns auf. Das wird deutlich an den beiden Verben der Gegenwart – isst und trinkt – mit der Zusicherung des ewigen Lebens. „Da sprach Jesus zu ihnen: Wahrlich, wahrlich, ich sage euch: Wenn ihr nicht das Fleisch des Sohnes des Menschen esst und sein Blut trinkt, so habt ihr kein Leben in euch selbst. Wer mein Fleisch **isst** und mein Blut **trinkt**, hat ewiges Leben, und ich werde ihn auferwecken am letzten Tag, denn mein Fleisch ist wahre Speise, und mein Blut ist wahrer Trank." (Joh. 6,53-55)

DAS BLUT JESU HAT UNS LOSGEKAUFT VOM GESETZ DER SÜNDE UND DES TODES

„... denn du bist geschlachtet worden und hast durch dein Blut für Gott erkauft ..." (Offb. 5,9)

DAS BLUT JESU BEFREIT VON GESETZLICHKEIT, SÜNDE UND TOD

„Denn das Gesetz des Geistes des Lebens in Christus Jesus hat dich freigemacht von dem Gesetz der Sünde und des Todes." (Röm. 8,2)

DAS BLUT JESU ÜBERWINDET SATAN UND MACHT UNS DURCH IHN ZU ÜBERWINDERN

„Und sie (wir) haben ihn (Satan) überwunden wegen des Blutes des Lammes und wegen des Wortes ihres Zeugnisses, und sie haben ihr Leben nicht geliebt bis zum Tod.“ (Offb. 12,11)

DAS BLUT JESU SCHENKT UNS FREIMÜTIGKEIT, DIREKTEN ZUGANG ZU GOTT UND FRIEDEN

„Da wir nun, Brüder, durch das Blut Jesu Freimütigkeit haben zum Eintritt in das Heiligtum, den er uns eröffnet hat als einen neuen und lebendigen Weg ...“ (Hebr. 10,19)

„... und durch ihn (Jesus) alles mit sich zu versöhnen – indem er Frieden gemacht hat **durch das Blut seines Kreuzes** – durch ihn ... hat er aber nun versöhnt in dem Leib seines Fleisches durch den Tod, um euch heilig und tadellos und unsträflich vor sich hinzustellen.“ (Kol. 1,20-22)

DAS BLUT JESU VERSÖHNT UND MACHT UNS TADELLOS, HEILIG UND GERECHT

Jesus Christus lebt in uns! Indem wir das Blut Jesu trinken und sein Fleisch essen, wird dies Realität. Durch die Feier mit Brot und Wein stehen wir im Glauben in göttlicher Gemeinschaft zu Gott Vater und wenn wir sein Blut trinken, dann nehmen wir das Leben Jesu völlig in uns auf, machen uns seinen Segen zu Eigen und bekräftigen unsere Bündnisbeziehung zu IHM.

„... um das Wort Gottes zu vollenden, das Geheimnis, das von den Weltzeiten und von den Geschlechtern her verborgen war, jetzt aber seinen Heiligen geoffenbart worden ist. Ihnen wollte Gott zu erkennen geben, was der Reichtum der Herrlichkeit dieses Geheimnisses unter den Nationen sei, *und das ist:* **Christus in euch (uns), die Hoffnung der Herrlichkeit.**“ (Kol. 1,26-27)

DAS BLUT JESU BRINGT UNS IN GEMEINSCHAFT MIT JESUS UND ZUEINANDER

„Der Kelch der Segnung, den wir segnen, ist er nicht die Gemeinschaft des Blutes des Christus?“ (1. Kor. 10,16)

DAS BLUT JESU IST DER NEUE BUND

„Ebenso auch den Kelch nach dem Mahl und sagte: Dieser Kelch ist der neue Bund in meinem Blut, das für euch vergossen wird." Lk 22,20 „Denn dies ist mein Blut des Bundes..." Matth. 26,28

„Und er sprach zu ihnen: Dies ist mein Blut des Bundes..." Mk 14,24

„Ebenso auch den Kelch nach dem Mahl und sprach: Dieser Kelch ist der neue Bund in meinem Blut, dies tut, sooft ihr trinkt, zu meinem Gedächtnis." 1.Kor. 11,25

DAS BLUT JESU MACHT UNS ZU KÖNIGEN UND PRIESTERN

„Dem, der uns liebt und uns von unseren Sünden erlöst hat durch sein Blut und uns gemacht hat zu einem Königtum, zu Priestern seinem Gott und Vater: Ihm sei die Herrlichkeit und die Macht von Ewigkeit zu Ewigkeit!" Offb. 1,5-6

„Du (Jesus) bist würdig... denn du bist geschlachtet worden und hast durch dein Blut für Gott erkauft aus jedem Stamm und jeder Sprache und jedem Volk und jeder Nation und hast sie (uns) unserem Gott zu einem Königtum und zu Priestern gemacht, und sie (wir) werden über die Erde herrschen!" Offb.5, 9-10

DAS BLUT JESU SCHÜTZT

„Durch Glauben hat er (Mose) das Passah gefeiert und die Blutbestreichung ausgeführt, damit der Verderber der Erstgeburt sie nicht antastete." Hebr. 11,28

DAS BLUT JESU GIBT ZEUGNIS

„Denn alles, was aus Gott geboren ist, überwindet die Welt; und dies ist der Sieg, der die Welt überwunden hat: unser Glaube. Wer aber ist es, der die Welt überwindet, wenn nicht der, der glaubt, dass Jesus der Sohn Gottes ist? Dieser ist es, der gekommen ist durch Wasser und Blut, Jesus Christus; nicht im Wasser allein, sondern im Wasser und im Blut. Und der Geist ist es, der dies bezeugt, denn der Geist ist die Wahrheit. Denn es sind drei, die es bezeugen: der Geist und das Wasser und das Blut, und die drei sind einstimmig." (1. Joh. 5,4-8)

Im Urtext steht zwischen den Versen 7 und 8 noch ein Zusatz: „Drei sind es die da zeugen im Himmel: der Vater, das Wort (Jesus) und der Heilige Geist; und diese drei sind eins; und drei sind es, die Zeugnis auf der Erde ablegen: (V 8) der Geist und das Wasser und das Blut und die drei sind einstimmig (eins)."

Hier wird die Einheit – der Bund – der Dreieinigkeit von Gott Vater, Gott Sohn und Gott Heiliger Geist mit drei Elementen verglichen, die die Gemeinde Jesu in Einheit bringen. Das sind der Heilige Geist, die Taufe (Wasser) und das Abendmahl (Blut Jesu). Der Heilige Geist, die Wassertaufe und das Abendmahl sind alle auf Gott ausgerichtet und verherrlichen den Sieg Jesu auf Golgatha.

Furcht Gottes

Ohne Gottesfurcht werden wir den Bund und sein Geheimnis nie in seiner Tiefe verstehen. Gott verspricht nur denen, die ihn fürchten, das Geheimnis seines Bundes zu offenbaren. „Der Herr zieht ins Vertrauen die ihn fürchten und sein Bund dient dazu, sie zu unterweisen." (Ps. 25,5) Gottesfurcht hat nichts mit Angst im Allgemeinen, nichts mit religiöser Angst oder Angst vor Bestrafung zu tun. Es schließt auch Menschenfurcht völlig aus.

Gottes Furcht bedeutet Gott treu zu verehren, Ihm zu vertrauen, zu dienen und zu lieben, Gottes Wege zu suchen und im Gehorsam darauf zu gehen. Es bedeutet Wertschätzung, Ehrerbietung und Respekt. Es ist das Privileg, Gott zu kennen, seine Größe, Souveränität und Allmacht anzuerkennen. Es bedeutet Böses zu meiden und das Gute zu suchen.

Das Wort Gottes sagt, dass wir Gottesfurcht nicht selber lernen können. Wir müssen zu Gott kommen und Ihn bitten, uns in der Furcht Gottes zu unterweisen: „Kommt, ihr Söhne, hört mir zu: die Furcht des HERRN will ich euch lehren." (Ps. 34,12) Mit Eifer müssen wir die Furcht Gottes suchen: „Dein Herz eifere nicht gegen die Sünder, sondern um die Furcht des HERRN jeden Tag!" (Spr. 23,17) und wir sollten die Furcht Gottes erwählen: „Weil sie Erkenntnis gehasst und die Furcht Gottes nicht erwählt haben." (Spr. 1,29)

Unter der Voraussetzung, daß wir die Furcht Gottes erwählen, uns darin belehren/lehren lassen und sie eifrig suchen, wird Gott sein Geheimnis, das Geheimnis seines Blutsbundes, welches wir uns im Abendmahl zu Eigen machen, mit uns teilen. Denn „dann wirst du verstehen die Furcht des HERRN und die Erkenntnis Gottes gewinnen." (Spr. 2,5)

Essen als Siegel des Bundes

Nachdem Mose die Rechtsbestimmungen des Alten Bundes (Sinai-Bund) dem Volk vorgelegt hatte, nahm er das Blut des Opfers und sprengte die Hälfte davon an den Altar. Nachdem er dem Volk die Worte des Bundes vorgelegt und sie zugestimmt hatten, in allem zu gehorchen, nahm er die andere Hälfte des Blutes und besprengte damit das Volk. Danach stieg Mose mit den siebzig Ältesten auf den Berg, um mit Gott den Bund bei einem Mahl zu besiegeln.

„Und Mose nahm die Hälfte des Blutes und tat es in Schalen, die andere Hälfte des Blutes aber sprengte er an den Altar. Und er nahm das Buch des Bundes und las es vor den Ohren des Volkes. Und sie sagten: Alles, was der HERR geredet hat, wollen wir tun und gehorchen. Darauf nahm Mose das Blut, besprengte damit das Volk und sagte: Siehe, das Blut des Bundes, den der HERR auf all diese Worte mit euch geschlossen hat! Da stiegen Mose und Aaron, Nadab und Abihu und siebzig von den Ältesten Israels hinauf, und sie sahen den Gott Israels. Und unter seinen Füßen war es wie Arbeit in Saphirplatten und wie der Himmel selbst an Klarheit. Gegen die Edlen der Söhne Israel aber streckte er seine Hand nicht aus, **sondern sie schauten Gott und aßen und tranken."** (2. Mose 24,6-11)

Das gemeinsame Essen war die Besiegelung des Bundes. Auch Jesus aß gemeinsam mit seinen Jüngern zu Abend beim letzten Abendmahl. Und auch wir sollten genau das Gleiche tun. Wir sollten Geschwister einladen, um gemeinsam zu essen und Abendmahl zu feiern.

Lobpreis

In Matthäus und Markus wird uns berichtet, dass das Abendmahl in Lobpreis eingebettet war. „Und als sie ein Loblied gesungen hatten, gingen sie hinaus zum Ölberg." (Markus 14,26) Das Loblied war nicht nur ein Lied. Während der Passahfeier wurden die Psalmen 113 bis 118 gesungen, welche ganz wunderbar von Befreiung, der Größe und dem Lob Gottes sprechen. In Psalm 116,13 wird auf das Abendmahl verwiesen. „Den Heilsbecher will ich erheben und den Namen des Herrn anrufen." Der Heilsbecher ist der Abendmahlskelch. Heil ist ein allumfassendes Wort. Es schließt Errettung, Erlösung, Befreiung, Heilung, Sicherheit, Annahme, Bewahrung, Rechtfertigung, Lösung, Gnade, Versöhnung, Wiederherstellung, Verherrlichung und Heiligung ein. Der hebräische Name Jesu, Jeshua, wird übersetzt mit Heil. Den Tausch am Kreuz, den Jesus Christus durch sein Blut vollzog, ist Heil. „Und sie rufen mit lauter Stimme und sagen: Das Heil unserem Gott, der auf dem Thron sitzt, und dem Lamm!" (Offb. 7,10)

Dies wird auch an Hand der folgenden Schriftstelle sichtbar. „Und es ist in keinem anderen das Heil; denn auch kein anderer Name unter dem Himmel ist den Menschen gegeben, in dem wir gerettet werden müssen." (Apg. 4,12) Nur in Jesus Christus ist das Heil. „Den Heilbecher (das kostbare Blut Jesu) will ich erheben" in Freude über die Hilfe und das Heil, das Gott mir schenkt.

Praxis

Beim Schreiben habe ich mir an mancher Stelle die Frage gestellt, mit wem kann ich überhaupt Abendmahl feiern? Da unsere Gemeinden heute oft gar nicht mehr den biblischen Standart einer neutestamentlichen Gemeinde aufweisen, ist es äußerst schwer, hierzu ein Statement abzugeben. Einige Fragen, die wir uns stellen sollten, mit wem und in welcher Gemeinde wir Abendmahl feiern, könnten sein:

Ist Jesus der uneingeschränkte Mittelpunkt? Ist das Wort Gottes die einzige Richtlinie?

Hat der Heilige Geist Raum, um zu wirken? Wird ein Leben in verbindlichen, hingegebenen Beziehungen angestrebt?

In jedem Fall können und sollten wir zu Hause in unseren Familien Abendmahl feiern. Das können wir sogar täglich tun. „Täglich verharrten sie einmütig im Tempel und brachen *zu Hause* das Brot ..." (Apg. 2,46)

Zum einen ist es wichtig, das Abendmahl in seiner Fülle zu verstehen. Zum anderen fragt man sich, wie es praktisch umsetzbar ist. Ich kann an dieser Stelle nur von dem berichten, wie wir es zur Zeit handhaben.

Wir feiern das Abendmahl schon seit einigen Jahren nicht mehr sonntags im Gottesdienst, da zu unseren Gottesdiensten immer viele Gäste kommen. Wir feiern das Abendmahl in unseren Gebetstreffen in den Häusern, als Familie oder wenn wir nur intern als Gemeinde zusammen kommen.

Die Praxis in unserer Gruppe sieht so aus, dass Brot und Wein auf dem Tisch stehen. Während unserer Lobpreis- und Anbetungszeit nimmt ein Bruder oder eine Schwester Brot und dankt Gott ganz speziell für das, was das Opfer Jesu für sie/ihn getan hat. Nach und nach nehmen auch die anderen Brot und Wein und danken in ihrer persönlichen Situation für das Blut Jesu und seinen Leib.

EINIGE BEISPIELE:

Jesus ich danke dir, dass Du für mich Heilung erwirkt hast. Ich nehme jetzt das Brot als Zeichen deines gebrochenen Leibes und danke dir das ich mir deine Heilung zu Eigen machen kann.

Jesus ich danke dir für dein kostbares Blut. Ich trinke jetzt dein kostbares Blut und danke dir für den Segen, den du mir bereitgestellt hast.

Ich danke dir, dass ich dein Auferstehungsleben in mich aufnehmen kann. Ich esse dein Fleisch und trinke dein kostbares Blut.

Jesus ich danke dir das ich dein Leben in mich aufnehmen kann. Danke für dein kostbares Blut.

Jesus ich danke dir, dass durch dein Blut meine Sünden vergeben sind und ich gerechtfertigt und reingewaschen bin. Ich trinke dein Blut im Glauben. Jesus, danke für das Blut deines Bundes.

Wir proklamieren dabei auch oft verschiedene Schriftstellen über das Brot und das Blut, wie Teile aus Johannes 6; 1. Kor. 10,16-17; 11,25-26; Matth. 26,26-29; Mk. 14,22-25; Lk. 22,16-20 und andere.

Dadurch wird unser Glaube gestärkt und die Wahrheiten Gottes in unserem Herzen vertieft. Oft ist es so, das ein Vers, den man schon mehrere Male gelesen hat, plötzlich zu einer persönlichen Offenbarung wird.

Ich möchte an dieser Stelle darauf hinweisen, dass die Bibel nirgends erwähnt, dass nur der Priester, Pfarrer oder Pastor das Abendmahl reichen darf, oder dass, wie in der katholischen Kirche gehandhabt, nur der Priester das Blut trinkt. (*siehe Anhang) Das ist eine Strategie Satans, das kostbare Blut Jesu jemandem vorzuenthalten. Wenn zwei Menschen, die Jesus hingegeben sind, zusammen kommen, dürfen und können sie zusammen das Abendmahl feiern und den darin liegenden Segen in Anspruch nehmen. In der Urgemeinde wurde nur in den Häusern Abendmahl gefeiert. „Täglich verharrten sie einmütig im Tempel und brachen zu Hause das Brot ..." (Apg. 2,46) Später versammelten sie sich am Ersten Tag der Woche. „Am ersten Tag der Woche aber, als wir versammelt waren, um Brot zu brechen ..." (Apg. 20,7)
Wo versammelten sie sich? Nicht im Tempel, nicht in einer Kirche, sondern in einem Haus.

Satan versucht, uns blind für Gottes Wahrheiten zumachen. Das ist eins seiner Mittel, uns daran zu hindern, das Leben, das wir in Jesus haben, zu ergreifen.
Wenn Du erkannt hast, was das Blut Jesu für dich bedeutet und es im Abendmahl praktisch anwenden möchtest, dann könnte es hilfreich sein, die zitierten Stellen im Kapitel „Das Blut Jesu" dabei laut zu proklamieren. Durch Proklamation wächst unser Glaube. Es kann eine Zeit dauern, aber es kommt die Zeit, da diese Bibelstellen nicht nur bloße Theorie für uns sind, sondern zur Realität in unserem Leben werden. Proklamiere, was das Blut Jesu für dich getan hat und wende das Blut Jesu praktisch an, denn im Blut Jesu liegt die Kraft, unser ganzes Leben in allen Bereichen (geistlich, seelisch und körperlich) zu stärken.
Wir wenden das Blut Jesu praktisch an, indem wir im Abendmahl sein Blut trinken und proklamieren, was das Blut Jesu für uns getan hat, denn es steht geschrieben: „Und sie haben ihn über-

wunden wegen des Blutes des Lammes und wegen des Wortes ihres Zeugnisses ..." (Offb. 12,11)

Proklamation

Eine Proklamation ist der kühne Ausspruch einer biblischen Wahrheit. Einen Bibelvers oder einen bestimmten Bibeltext wenden wir persönlich auf uns an, indem wir ihn in der Ich-Form lesen. Eine Proklamation ist nur dann eine Proklamation, wenn sie laut ausgesprochen wird. In den Sprüchen steht: „Neige dein Ohr zu meinem Wort!" (Spr. 5,1) Wie neigt sich mein Ohr zu Seinem Wort? Mein Ohr kann nicht lesen aber mein Auge kann es. Mein Ohr muss also hören was mein Mund spricht und mein Mund spricht das, was mein Auge im Wort Gottes liest. Indem wir die Bibel laut lesen oder unser Zeugnis, eine Proklamation laut aussprechen, wird das geschehen, was wir sprechen. „Wir rufen das Nichtseiende ins Leben, als ob es schon da wäre." (Röm. 4,17) „So wie der Regen vom Himmel fällt, den Samen der Erde bewässert und der Same aufgeht, genauso wird das proklamierte Wort Gottes sein. Es wird bewirken, was Gott gefällt und zur Ausführung kommen wozu es gesandt wird" (frei nach Jes. 55,10-11). Proklamierte biblische Wahrheiten bewirken immer, dass das Proklamierte eintrifft. Indem wir die Wahrheiten über das Blut Jesu proklamieren, wächst unser Glaube und das Wort wird bewirken, wozu es gesandt ist und dann sehen wir: „mit aufgedecktem Angesicht ... die Herrlichkeit des Herrn an und werden so verwandelt in sein Bild, von Herrlichkeit zu Herrlichkeit wie es der Heilige Geist bewirkt!" (2. Kor. 3,18) Die Herrlichkeit des Herrn, die wir mit aufgedecktem Angesicht sehen, ist das Wort Gottes. Indem wir Sein Wort – das, was das Blut Jesu für uns getan hat – proklamieren, kommt es zu einer Erneuerung unseres Sinnes und wir werden so verwandelt in sein Bild.

Abendmahl mit Kindern

Ich habe schon öfters die Frage gestellt bekommen: Was ist mit unseren Kindern? Diese Frage ist nicht einfach zu beantworten.

Ich denke, dass aus den vorangegangenen Kapiteln deutlich wird, welche Bedeutung das Abendmahl überhaupt hat. Falsch wäre es, hier eine Regel aufzustellen, denn das würde uns in Gesetzlichkeit bringen und wir könnten das als Knüppel nehmen und denen die es anders handhaben zwischen die Beine werfen. Unsere Kinder sind durch uns gesegnet. Wenn mein Kind die Bedeutung des Abendmahls verstanden hat, dann wäre es falsch, ihm den Segen, der darin, liegt vorzuenthalten. Ein kleines Kind kann durchaus verstanden haben, dass wir durch das Abendmahl Jesu Leben in uns aufnehmen und das auch wollen, aber es kann sich nicht für eine verbindliche Beziehung zu einem Erwachsenen, den es nur sonntags sieht, entscheiden. Die Urgemeinde feierte Abendmahl in den Häusern, im Kreis der Familie. Anzunehmen ist, dass bei dieser Mahlzeit auch deren Kinder anwesend waren. Erst später in Apg. 20,7 wird deutlich, dass es zu einer wöchentlichen Regelmäßigkeit in der Gemeinde kam. Wir können und sollten zu Hause mit unseren Kindern Abendmahl feiern, denn wir stehen zusammen sowieso in einem Familienbund.

In der Gemeinde würde ich persönlich solange davon Abstand halten, bis das Kind alt genug ist und sich selbst für eine verbindliche Beziehung zu Jesus Christus entscheidet, sich im Wasser taufen lässt und den Bund mit Jesus durch das Abendmahl besiegelt.

Ungläubige

Da Ungläubige keinen Bund mit Gott haben, nicht zum Leib gehören, das Opfer Jesu nicht verstehen und auch nicht in gemeinschaftlichen, hingegebenen, verpflichtenden Bündnisbeziehungen leben können, sind sie ohne Ausnahme vom Abendmahl ausgeschlossen. Wer das Opfer Jesu nicht richtig beurteilt, trinkt und isst sich das Abendmahl zum Gericht. (1. Kor. 11,28-29) Ich glaube, dass aus der Bedeutung des Abendmahls bereits hervorgeht, warum ein Ungläubiger kein Abendmahl feiern sollte und auch jeder Gott hingegebene Christ nicht mit einem Ungläubigen Abendmahl feiern sollte.

Zusammenfassung

Das Abendmahl ist die praktische Anwendung des Blutes Jesu. Wir nehmen Jesus selbst in uns auf. Im Glauben trinken wir Sein Blut und essen Sein Fleisch und nehmen so göttliches Leben, das Leben Gottes, in uns auf.

Alle damit verbunden Segnungen wie Heilung, Offenbarung, Kraft, Autorität, Glaube, Sättigung, ewiges Leben, Auferstehungsleben u. a. werden uns so zuteil.

Für meinen Verstand ist es kaum fassbar, dass ich, wenn ich im Glauben den Wein, das Blut Jesu trinke, das Leben Gottes in mich aufnehme. Leben des allmächtigen Vaters, der Himmel und Erde gemacht hat, der mit seinem Wort alle Dinge geschaffen hat. Das Leben des Gottes, der alle Gewalt und Macht hat. Aber wenn die Bibel sagt, dass es so ist, dann muss ich glauben, dass das die Wahrheit ist. Gott ist Wahrheit und jedes geschriebene Wort ist Wahrheit.

Indem man Abendmahl feiert, stellt man sich unter die Macht des allmächtigen Gottes und wird so zum Teilhaber aller seiner Segnungen.

Im Abendmahl proklamieren wir, dass wir Nachkommen Abrahams sind und nehmen unser Erbe in Anspruch, denn Abraham war unbeschnitten, als er die Verheißung empfing.

Das Abendmahl ist ein Gemeinschaftsmahl. Wir bekräftigen unseren Bund mit Gott und stehen auch in Beziehungen zu all denen, die wie wir aus dem Kelch getrunken haben. Das letztendliche Ziel des Bundes ist Einheit. Unser Part im Neuem Bund ist es, unser Leben hinzugeben, indem wir einander lieben, dienen, die Füße waschen, ermahnen, trösten, helfen und anderes mehr.

Durch das Abendmahl bekennen, proklamieren und bekräftigen wir vor der sichtbaren und unsichtbaren Welt, dass wir zu Jesus Christus, unserem HERRN gehören, dass dieser Bund real ist und dass Jesu Feinde = meine Feinde aller Macht beraubt und besiegt wurden. Wir müssen unbedingt verstehen, was uns durch das Opfer Jesu bereitgestellt wurde. Satan hat keine Macht über uns, aber er versucht, uns blind zu machen für die Wahrheiten Gottes – und das dürfen wir nicht zulassen!

Jesus sagt: „Nehmt, dies ist mein Leib." Nehmt auf, macht es Euch zu eigen, so wie wir im natürlichen Bereich Brot essen und dadurch leben, leben wir durch Jesus. Glaubt daran, sinnt darüber nach, nehmt Heilung, Offenbarung, Autorität, mein göttliches Leben, ewiges Leben in Euch auf. „Wenn ihr nicht das Fleisch des Sohnes des Menschen esst und sein Blut trinkt, so habt ihr kein Leben in euch selbst. Wer mein Fleisch isst und mein Blut trinkt, bleibt in mir und ich in ihm." (Joh. 6,56+58)

„Siehe, ich stehe vor der Tür und klopfe an. Wenn jemand meine Stimme hören wird und die Tür auftun, zu dem werde ich hineingehen und das Abendmahl mit ihm halten und er mit mir." (Offb. 3,20 [Luther])

„Jesus sprach zu ihm: Wenn jemand mich liebt, so wird er mein Wort halten (bewahren), und mein Vater wird ihn lieben, und wir werden zu ihm kommen und Wohnung bei ihm machen." (Joh. 14,23)

Bibelstellen

Diese Bibelstellen sollen uns helfen, unsere gegenseitige Bündnisbeziehung zu verstehen. „Lasst uns“, „einander“, „gegenseitig“ bedeutet gemeinschaftlich, wir alle. Das ist die Anforderung an uns im Neuen Bund.

LASST UNS = GEMEINSCHAFTLICH

Lasst Euch versöhnen mit Gott! (2. Kor. 5,20)

Für die Freiheit hat Christus uns freigemacht. Steht nun fest und lasst euch nicht wieder durch ein Joch der Sklaverei belasten! (Gal. 5,1)

Lasst uns die Gnadengaben gebrauchen! (Röm. 12,6)

Lasst uns die Waffen des Lichts anziehen! (Röm. 13,12)

Lasst uns anständig wandeln. (Röm. 13,13)

Lasst uns nach Frieden und gegenseitiger Erbauung streben! (Röm. 14,19)

Lasst uns nicht mehr einander richten! (Röm. 14,13)

Lasst uns durch den Geist wandeln! (Gal. 5,25)

Lasst uns im Gutestun nicht müde werden! (Gal. 6,9)

Lasst uns gegenüber allen Gutes wirken! (Gal. 6,10)

Lasst uns die Wahrheit reden! (Eph. 4,15)

Lasst uns nicht schlafen! (1. Thes. 5,6)

Lasst uns eifrig sein, in Gottes Ruhe einzugehen! (Hebr. 4,11)

Lasst uns unser Bekenntnis festhalten! (Hebr. 4,14)

Lasst uns mit Freimütigkeit und wahrhaftigem Herzen hinzutreten zum Thron der Gnade! (Hebr. 4,16 + 10,22)

Lasst uns das Bekenntnis unserer Hoffnung unwandelbar festhalten! (Hebr. 10,23)

Lasst uns aufeinander achten, zur Liebe und zu guten Werken anreizen! (Hebr. 10,24)

Lasst uns dankbar sein! (Hebr. 12,28)

Lasst uns Gott stets ein Lobpreisopfer bringen! (Hebr. 13,15)

Lasst uns lieben in Tat und Wahrheit! (1. Joh. 3,18)

Lasst uns einander lieben! (1. Joh. 4,7)

Lasst uns fröhlich sein und jubeln und IHM die Ehre geben! (Offb. 19,7)

EINANDER = GEGENSEITIG

Wenn nun ich, der Herr und der Lehrer, eure Füße gewaschen habe, so seid auch ihr schuldig, einander die Füße zu waschen. (Joh. 13,14)

Ein neues Gebot gebe ich euch, dass ihr einander liebt, damit, wie ich euch geliebt habe, auch ihr einander liebt. (Joh. 13,34)

einander lieben:

- meint die Ausrichtung des Willens, des Sich Freuens an etwas
- zufrieden sein mit
- gem. Interessen haben
- sich jemandes annehmen, lieben

Dies ist mein Gebot, dass ihr einander liebt, wie ich euch geliebt habe. (Joh. 15,12)

Am folgenden Tag erschien er bei ihnen, als sie sich stritten, und trieb sie zum Frieden, indem er sagte: Ihr Männer, ihr seid Brüder, warum tut ihr einander unrecht? (Apg. 7,26)

Dies gebiete ich euch, dass ihr einander liebt. (Joh. 15,17)

Seid niemand irgend etwas schuldig, als nur einander zu lieben! Denn wer den anderen liebt, hat das Gesetz erfüllt. (Röm. 13,8)

Lasst uns nun nicht mehr einander richten, sondern haltet vielmehr das für recht, dem Bruder keinen Anstoß oder kein Ärgernis (Anlass zur Sünde) zu geben. (Röm. 14,13)

Deshalb nehmt einander auf, wie auch der Christus euch aufgenommen hat, zu Gottes Herrlichkeit! (Röm. 15,7)

Grüßt einander mit heiligem Kuss ... dient einander durch die Liebe. (Röm. 16,16)

Grüßt einander mit heiligem Kuss! (2. Kor. 13,12)

Lasst uns nicht nach eitler Ehre trachten, indem wir einander herausfordern, einander beneiden. (Gal. 5,26)

Einer trage des anderen Lasten, und so werdet ihr das Gesetz des Christus erfüllen. (Gal. 6,2)

... mit aller Demut und Sanftmut, mit Langmut, einander in Liebe ertragend. (Eph. 4,2)

Seid/werdet aber zueinander gütig, mitleidig, und vergebt einander/schenkt einander Gnade, so wie auch Gott in Christus euch vergeben hat! (Eph. 4,32)

Ordnet euch einander unter in der Furcht Christi. (Eph. 5,21)

- sich freiwillig unter etwas/jemanden stellen

Ertragt einander und vergebt euch gegenseitig, wenn einer Klage gegen den anderen hat; wie auch der Herr euch vergeben hat, so auch ihr. (Kol. 3,13)

- ertragt: aushalten, etwas aushalten, ertragen, zulassen, Milde, Nachsicht, Geduld, Langmut

Belügt einander nicht, da ihr den alten Menschen mit seinen Handlungen ausgezogen habt. (Kol. 3,9)

Was aber die Bruderliebe betrifft, so habt ihr nicht nötig, dass man euch schreibt, denn ihr seid selbst von Gott gelehrt, einander zu lieben. (1. Thes. 4,9)

Deshalb ermahnt (tröstet, ermuntert) einander und erbaut einer den anderen, wie ihr auch tut. (1. Thes. 5,11)

- erbaut: bauen, geistlichen Gewinn bringen, bestärken, ermutigen, Reich Gottes bauen

So ermuntert/tröstet nun einander mit diesen Worten. (1. Thes. 4,18)

Indem wir unser Zusammenkommen nicht versäumen (o. im Stich lassen), wie es bei einigen Sitte ist, sondern einander ermuntern, und das um so mehr, je mehr ihr den Tag herannahen seht! (Hebr. 10,25)

- trösten, aufrichten, ermahnen, ersuchen, zurufen, anrufen

Sondern ermuntert einander jeden Tag, solange es heute heißt, damit niemand von euch verhärtet werde durch Betrug der Sünde! (Hebr. 3,13)

Bekennt nun einander die Sünden und betet füreinander, damit ihr geheilt werdet! (Jak. 5,16)

Wie jeder eine Gnadengabe empfangen hat, so dient damit einander als gute Verwalter der verschiedenartigen Gnade Gottes! (1. Petr. 4,10)

Und dies ist sein Gebot, dass wir an den Namen seines Sohnes Jesus Christus glauben und einander lieben, wie er es uns als Gebot gegeben hat. (1. Joh. 3,23)

Geliebte, lasst uns einander lieben! Denn die Liebe ist aus Gott; und jeder, der liebt, ist aus Gott geboren und erkennt Gott. (1. Joh 4,7)

Geliebte, wenn Gott uns so geliebt hat, sind auch wir schuldig, einander zu lieben. (1. Joh. 4,11)

Niemand hat Gott jemals gesehen. Wenn wir einander lieben, bleibt Gott in uns, und seine Liebe ist in uns vollendet. (1. Joh. 4,12)

Ertragt einander und vergebt euch gegenseitig, wenn einer Klage gegen den anderen hat; wie auch der Herr euch vergeben hat, so auch ihr. (Kol. 3,13)

Das Wort des Christus wohne reichlich in euch/unter euch; in aller Weisheit lehrt und ermahnt euch gegenseitig mit Psalmen, Lobliedern und geistlichen Liedern. Singt Gott in euren Herzen in Gnade! (veränderte Satzzeichen!) (Kol. 3,16)

Ermahnt:

- immer aufbauend
- bez. die Unterweisung durch das Wort der Ermutigung und Ermunterung.
- tröstend
- ermunternd
- Sinn, Verstand zurecht bringen
- Mit Worten anweisen, warnen, zurechtweisen
- Durch Schelte und Tadel in Liebe zurechtweisen, wenn das Wort der Ermutigung, Ermunterung nicht ausreicht.

Quellenangabe

Alle Bibelstellen wurden der Scofield Bibel, Revidierte Elberfelder Übersetzung, entnommen

Elberfelder Studienbibel mit Sprachschlüssel

Kommentar zum Jüdischen Neuen Testament

Lexikon zur Bibel, Rienecker und Maier

Kassettenserie: „Das Kreuz, der Schlüssel zur Fülle im Herrn" Derek Prince

„Die Macht des Opfers" Derek Prince/zu beziehen beim Internationalen Bibellehrdienst, Schwarzauer Str. 56, 83308 Trostberg, Tel.: (08621) 64146

* Seite 75

Die katholische Kirche teilt das Abendmahl den Laien meist nur in der Gestalt des Brotes aus, das nach ihrer Lehre als eucharistischer Leib das Blut Christi einschließt (Laienkelch); seit dem 2. Vatikanischen Konzil gibt es Ausnahmeregelungen.

http://lexikon.meyers.de/wissen/Abendmahl+(Sachartikel)+Religionen

JESUS

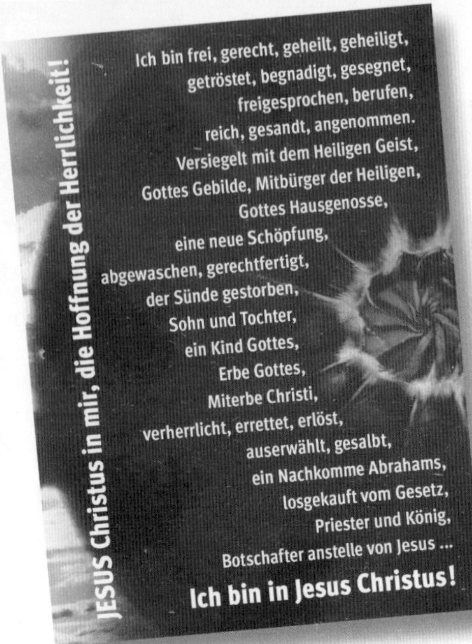

Ein Prospekt über unsere Produktpalette und Seminarangebote kann angefordert werden bei:

Cordelia Loew
kontakt@loewe-banner.de
www.loewe-banner.de

PROKLAMATIONSKARTEN

Welchen Stellenwert haben Flaggen und Banner in der Gemeinde? Was sagt die Bibel zu diesem Thema? Was ist Lobpreis? Was ist Anbetung?

Dieses Buch gibt gut durchdachte und klar präsentierte Antworten auf diese wichtigen Fragen. Sehr gründlich fundiert erläutert **Cordelia Loew** zunächst die biblische und historische Bedeutung von Flaggen und Bannern im geistlichen Kampf.

Im weiteren Verlauf wird durch erfrischende Beispiele und treffende Bibelstellen klar gezeigt, wie die Proklamation des Sieges Jesu über Sünde, Tod und Teufel durch den bewussten Einsatz von Flaggen und Bannern eine ganz besondere Kraft und Freude im Heiligen Geist in Gottes Volk freisetzt. Wie Lobpreis- und Anbetungsmusik ist auch das Erheben und Wehen von Flaggen bzw. Bannern ein Ausdruck des Lobes, des Danks und der Anbetung, die uns hilft, in die Gegenwart Gottes einzutreten und Seinen Sieg über die Umstände unseres Lebens zu festigen.
Es wird für jeden eine Hilfe sein, der sich nach einer stärkeren prophetischen Ausdrucksform im persönlichen sowie im gemeindlichen Lobpreis sehnt.
Dieses Buch ist reich an persönlicher Erfahrung und enthält praktische Anleitungen mit Fotomaterial zum Gebrauch von Bannern und Flaggen.

GB CORDELIA LOEW

Heuchelei

Axel Weber

Dieses Buch soll dich ermutigen, ein glaubwürdiges und authentisches Zeugnis für unseren Herrn und Erretter Jesus Christus zu leben. Du sollst gestärkt werden, ein Leben in geradliniger, konsequenter Nachfolge zu leben, ohne Kompromisse.

Durch einen Traum, den eine Schwester unserer Gemeinde vom Herrn gezeigt bekam, machte der Herr deutlich, wie in unserer Gemeinde der Umgang miteinander und die Beziehung zu Ihm von Unaufrichtigkeit, Heuchelei und Lüge durchsetzt waren. Der Herr öffnete uns auch über die Heuchelei zu uns selbst die Augen...

„Ich kenne Axel und sein Ältestenteam seit einigen Jahren und schätze ihren aufrichtigen Umgang untereinander sehr. Sie sind für mich Pioniere einer neuen Art von Gemeinde, die der Herr im Land aufrichtet, um Bollwerke des Feindes niederzureißen und so dem Volk Gottes mehr Vollmacht zu geben. So empfehle ich diese Schrift allen, die hungern und dürsten nach Gerechtigkeit" · **Hartwig Henkel, Hand in Hand**

ANBETUNGSHALLE
FREIE CHRISTLICHE GEMEINDE ZWICKAU

Loyalität ist eine kostbare Perle, die man aufmerksam sucht und sorgsam hegt.

Haben Sie jemals ein Buch über Loyalität gelesen? Sie werden kaum eines entdecken. Weshalb wird dieses Thema offensichtlich umgangen? Mag sein, weil diejenigen, die am ehesten darüber glaubhaft reden könnten, in den Verdacht kämen, sie wollten sich damit selber hervorheben.

Es geht um ein biblisches Prinzip, das wohl im Leib Jesu heutzutage häufig missverstanden wird. Darum müssen wir einigen wichtigen Fragen nachgehen, wie z. B.:

Was ist eigentlich Loyalität?

Warum sollten wir sie hochhalten?

Woran merken wir, dass wir auf der sicheren Seite sind, wenn wir einem Leiter vertrauen?

Wie kann ein Leiter sich als vertrauenswürdig erweisen, so dass man ihm folgt?

Wie können wir uns vor Illoyalität schützen?

Dieses Buch ist in seiner kenntnisreichen Ausgewogenheit eine Ermutigung für alle geistlichen Eltern, sich in die Förderung ihrer geistlichen Söhne und Töchter einzubringen.

„Loyalität“ und alle anderen Bücher von Bob Sorge sind bei Asaph erhältlich.

WEITERE BÜCHER VON BOB SORGE

Bob Sorge

Wenn Gott nicht gleich antwortet – Krise als Chance

„Wie gehe ich mit Leid um?" Sein eigenes Erleben hat Bob Sorge tiefe Einsichten in Gottes Handeln vermittelt und in seinem Leben eine tiefe Liebe zu seinem Schöpfer entzündet. In seinem Buch beschäftigt er sich damit, wie Gott uns durch Finsternis und Leid führt. Welchen Sinn und welches Ziel solche Prozesse haben und welche Entwicklungsmöglichkeiten darin liegen. Ein Buch, das Mut macht und zeigt, daß Gott auch in Zeiten der Not immer in unserer Nähe ist.

Paperback, 300 Seiten · € [D] 15,95 · ISBN 3-934771-11-4

Bob Sorge

Näher mein Gott zu Dir

Der Zugang zum Vater durch das Blut des Sohnes

Das vergossene Blut Christi verleiht uns den Mut, in die Gegenwart Gottes zu treten. Jeden Tag nun können wir die Zweisamkeit mit Gott geniessen, egal ob im Schosse des Vaters oder an Jesu Brust gelehnt. Das Buch zeigt, wie wir das höchste Privileg der ganzen Schöpfung geniessen können: den Zugang zum Vater.

Erscheint Mitte 2009.

Bestseller, 3. Auflage!

Bob Sorge

Geheimnisse aus der Verborgenheit mit Gott

Viele Menschen sehnen sich nach dieser Nähe zu Gott und der damit verbundenen anziehenden Ausstrahlung ihres Lebens. Sie empfinden ihre Beziehung zu Gott unbefriedigend. Bob Sorge vermittelt keine Theorien, sondern gibt Einblicke in seine persönliche Beziehung zu Gott. Die Gemeinschaft, die Jesus mit dem Vater lebte, steht auch Ihnen offen.

Paperback, 230 Seiten · € [D] 11,95 · ISBN 9-783000-15192-7

Bob Sorge

Following the River

Gemeinsame Anbetung in und mit der Gemeinde

Gott ruft Sie und mit Ihnen seine Gemeinde in eine neue Anbetungserfahrung. Wie ist dies möglich und wie werden wir diese Anbetung erleben? Was wird sich ändern, wenn wir nicht mehr nur Lieder singen, sondern kreativ Gott anbeten? Auf diese und weitere Fragen gibt Bob Sorge in "Following the River" humorvoll und kompetent Antwort.

Paperback, 80 Seiten · € [D] 6,95 · ISBN 9-783000-15193-4